小学语文差异教学策略

——让每个儿童按照自己的节奏成长

陈红　刘芹 / 著

东北师范大学出版社

长　春

图书在版编目（CIP）数据

小学语文差异教学策略：让每个儿童按照自己的节奏成长 / 陈红，刘芹著. — 长春：东北师范大学出版社，2020.9

ISBN 978-7-5681-7138-0

Ⅰ. ①小… Ⅱ. ①陈… ②刘… Ⅲ. ①小学语文课—教学研究 Ⅳ. ①G623.202

中国版本图书馆CIP数据核字（2020）第166942号

□策划创意：刘　鹏

□责任编辑：邓江英　钱黎新　□封面设计：姜　龙

□责任校对：刘彦妮　张小娅　□责任印制：许　冰

东北师范大学出版社出版发行

长春净月经济开发区金宝街 118 号（邮政编码：130117）

电话：0431-84568115

网址：http：//www.nenup.com

北京言之凿文化发展有限公司设计部制版

北京政采印刷服务有限公司印装

北京市中关村科技园区通州园金桥科技产业基地环科中路 17 号（邮编：101102）

2022年6月第1版　2022年6月第1次印刷

幅面尺寸：170mm × 240mm　印张：14.75　字数：238千

定价：45.00元

序言

让每个儿童按照自己的节奏成长

在山海相拥、人杰地灵的美丽城市连云港市，陈红小学语文名师工作室，“十年磨一剑”，从十年前开始研究“共生语文”与“差异教学”。十年的笃定认真，十年的风雨兼程，工作室实实在在地秉持着“让每一个儿童按照自己的节奏成长，让每一个孩子成为独特的自己”的教育理念，探索出可操作的路径，促进了众多学生的差异化成长，也给各位教师带来了有益的启迪。

一、差异教学实践源自关爱儿童的情怀

陈红儿时的理想就是“长大当一名好老师，让自己的每一个学生都好好学习，天天向上”。这是她从事教育工作的初心，也是她淳朴本真的情怀。走上教育岗位以后，她本着对儿童的真爱，刻苦钻研，努力上进，很快就成长为一名具有影响力的特级教师。难能可贵的是，陈红对教育实践有着细致入微的观察与深刻的反思。她注意到，大家都讲爱的教育，可为什么在学生那里，并非全都能感受到春风拂面？她认为现实生活中的很多时候，学校教育往往只关注共性，对学生要求齐步走，一把尺子量到底，从而给学生的发展带来深刻的影响。陈红认为，正如苏霍姆林斯基所说：“每个学生都是一个独一无二的世界。”[①]真正的爱的教育，就是要把爱的阳光播撒到每个孩子的精神世界。陈红这种原始的动力验证了萨乔万尼在《道德领导：抵及学校改善的核心》中描绘的校长领导力的基本框架：为师者，当有师者之心——情怀，师者之脑——思考，师者之手——能力。这三者由情怀发端，循环往复，不断提升。陈红差异教学实践正是如此前行的。

---

①［俄］塔尔塔科夫斯基，《苏霍姆林斯基的一生》，唐其慈等译，教育科学出版社，1986年，86页。

二、差异教学实践基于科学严谨的理论

陈红的差异教学实践有着坚实的理论支撑。近些年来，她广泛涉猎了多部教育专著，吸取理论营养，这使得她的教学改革更有底气，更为自觉，也更具说服力。

一是儿童主体性发展的理论。拉尔夫·泰勒说：“学习通过学生的主动行为而发出，学生学习取决于自己做了什么，而不是教师做了什么。”[①]蒙台梭利认为：“激发生命，让生命自由发展，这是教育者的首要任务。”[②]主体力量激活了，基于差异性的个体发展才有可能，像小原国芳[③]描绘的“松竹相别、菊堇各异的、独一无二的美妙世界”才会实现。

二是多元智能理论。传统的智力理论认为，语言能力和数理逻辑能力是智力的核心，智力是以这两者整合而存在的一种能力。加德纳提出多元智能理论，对一元智能理论提出强有力的挑战。加德纳的“多元智能理论”提示我们，每个学生都可能有其独特的智能擅长和欠缺区域，教师需要正视学生的差异和保护学生的自尊。这为有效实施差异教学提供了心理学基础。

三是教学过程最优化理论。差异教学的一项重要理论基础是巴班斯基提出的教学过程最优化理论。“教学过程最优化”就是从顺利解决教学任务和合理消耗师生时间的观点出发，有科学依据地选择并实施既定条件下最佳的教学方案。该方案能够尽量确保学生在各项作业任务中提升至最近发展区。同时，教学过程最优化的方法中包含对学生争取区别对待和个别对待的方法要求，要求把全班的、小组的和个别的教学形式最优化结合起来。

三、差异教学实践孕育了日益成型的思想

2009年前后，陈红认识到语文教学的核心目标和价值追求就是“共生”，即共同生存、共同生活、共同发展。这个观点和主张日趋明朗后，她进而构建

---

① [美] 拉尔夫·泰勒，《课程与教学的基本原理》，施良方译，人民教育出版社，1994年，23页。

② [意] 玛利亚·蒙台梭利，《蒙台梭利早期教育法》，中国发展出版社，2006年，73页。

③ [日] 小原国芳，《全人教育论》，中国环境科学出版社，2005年，318页。

出“共生语文”教学的基本设想。在“共生语文”的研究中，她意识到“共生”和“差异”是不可分割的相互依存关系，追求共生的前提是直面差异。华国栋教授认为，差异教学就是在班集体教学中立足学生的个性差异，满足学生个别学习的需要，以促进每个学生在原有基础上得到充分发展。[①]只有每个个体都得到发展，“共生”的境界才能实现。作为一名优秀的语文特级教师，陈红出于一种学科偏爱，在实践中悟出了语文教学更应重视差异教学的理论。她认为，语文教材里的课文都是作者通过独特的人文体验有感而发形成的，而语文学习在一定意义上又是每一个个体与文本、与作者的独特对话。“一万个读者，就有一万个哈姆雷特。”尽管都是哈姆雷特，但却因读者的多元解读，又具有不同的个性。同时，语文学科要肩负培养学生以形象思维为侧重的思维能力、审美力、想象力、创造力的使命，这其中也闪烁着学生个性的光泽。于是陈红团队概括了差异教学的基本特征，探索出基本策略，从而使小学语文差异教学基本成型。因为想得清楚，所以做起来也就比较顺手。

四、差异教学实践贵在操作体系的构建和坚持

学生个性迥异，发展潜能不同，所以实施差异教学，必须先研究学生。学生与学生之间的差异是一种巨大的学习与教育资源，充分发掘并利用这些资源可以创设语文课堂教学的新境界。陈红基于学生不同的家庭背景、不同的学习兴趣、不同的学习动机、不同的学习能力、不同的学习风格等，力所能及地为学生提供适切的支持，并设计出以下实施策略：

一是固定课程与选择性课程相结合的策略。为了满足不同班级学生对课程的不同需求，满足所有学生的发展需要，工作室对现有的国家课程、地方课程、学校课程进行整合，通过分层、分类设计，在切实抓好国家课程教学的同时，开发出多门校本课程供学生选择。工作室每位语文教师还开发了诗词会、我爱小古文、名人访谈录等特色班本课程，而且已经推广至更大范围。任课教师与班级绑定，学生自主选择任课教师，进行“教师不动、学生走动”的走班式教学。这些分类别、分层次设计的、可供学生选择的课程内容能够满足所有

① 华国栋，《差异教学论》，教育科学出版社，2007年，16页。

学生个性发展的需要。

二是课程实施关注不同层次、不同个体的策略。首先，目标拟定层级化。教师应根据语文课程总体目标及学生个体的差异，制订差异性教学目标，满足不同的个体需求。其次，学生学习选择化。教师要将语文课堂从“教师中心”转到“学生立场”，赋予学生生长过程中生命意义建构的权利。在教学中，尽可能少一些统一性的指令，多给学生一些自主选择学习的权利，让他们根据个人的喜好和需求，在一定的范围内选择适合自己的学习内容。最后，理解感悟独特化。课堂上，学习中，很多时候，不同学生的理解会有差异，师生理解也会有所不同，这时候，教师要努力站在学生的立场上，让他们进行个性化的阅读、理解、感悟，允许他们发表不同的意见或建议，真正拥有表达的机会。

三是共性作业与个性作业相结合的策略。首先，设计菜单式作业，让学生自主选择。教师面向全体学生布置作业的同时，要考虑各个层面学生的学习需求，使每个学生都能在完成不同难度和不同数量的作业的过程中有所收获，并能享受到成功的喜悦。其次，打造“菜单练习”，使人人受益。教师根据学生知识水平和思维能力的差异，设计“必做”和“选做”作业；根据学生的基础不同，设计“基础题”“加强题”“拓展题”等。这样，既能使优生“吃饱”，又能使暂时学习有困难的学生“吃好”，使中等生“吃饱又吃好”。最后，特设免写作业，解放学生。教师可以根据学生的学习情况，让一部分学生享有不写教师布置的家庭作业的权利，让他们有更加充裕的时间去阅读、摘抄，从事研究性学习，发展兴趣爱好，并让这些学生定期分享自己的学习成果。

四是评价从单一化走向多元化的策略。学生是与众不同的个体，教师要为每一个学生设计一把尺子，量身定做出适合学生成长的评价方式，让评价把他们的才智和潜能最大限度地激发出来，成就最好的自己。陈红团队在差异教学实践中，变单一的教师评价为学生自评、学生互评、教师评价、家长评价、社区评价、导师评价相结合的多种评价。由单一形式走向多种形式，由单学科走向学科整合；有个人独立承担，有小组合作；有必考与免考，有固定内容与选择内容的结合，实现了学业评价素养化。

此外，他们还分析归纳出语文差异化课堂的表征，设计出基于差异理念的语文课堂学习观察表，建构出语文差异化学习的流程，这些都是切实而有效的实践。

五、差异教学实践收获于师生共同发展

陈红说："因为直面差异，我们看得见学生思考的原点；因为认可差异，我们看得见学生思维的运作；因为帮助差异，我们看得见学生思路的发展提升。"差异教学因为尊重学生的身心发展规律，承认学生的个体差异，珍视并培养他们的独特个性，从而真正地让每个儿童按照自己的节奏成长，让每一个学生得到差异化的发展，共生、共长、共进。

在学生进步的同时，教师因为长期关注学生、研究学生、唤醒学生，采用适合学生发展的策略教学，也提升了专业能力和教学成效。在差异化教学的实践研究中，陈红名师工作室的21名成员的教科研能力和教学水平得到了最优化的发展：3名成员成为江苏省特级教师，1名成员成为江苏省人民教育家培养对象，5名教师被认定为"港城名师"，7名教师被认定为市级"教学骨干"，7名教师在省、市级优课、基本功大赛中获一等奖。更重要的是，他们的经验会给同行以启迪和鼓舞，从而发挥更大的效益。

杨九俊

（作者系江苏省教育学会名誉会长、研究员、特级教师）

让每一个孩子成为独特的“那一个”

教育的目的是培养全面发展的人。基础教育面向的是学生一生的发展，是在为学生一生的发展奠基。教育是一种培养人的活动，人人生而平等，所以每个人都有接受教育的权利，并且在受教育过程中，每个学生都应当享有同样的受教育机会、均等的教育资源并得到教师同样的关注。怀特海说：“学生是有血有肉的人，教育的目的是激发和引导他们的自我发展之路。”如何以人为本？如何做到关注每个学生，如何实施差异教学，从而更好地促进人的发展？这是个永恒的话题，是国内外众多教育学家和一线教育工作者共同研究的课题之一。

早在1999年召开的全国第三次教育工作会议上，时任副总理李岚清就在讲话中指出：“只有面向全体学生而不是少数学生，使他们的基本素质都得到普遍提高，使他们的特长和潜能都得到发展，使他们都能有适合自身特点的发展方式，才是符合21世纪要求的高质量和高水平的教育，才能达到提高整个中华民族素质的目的。”李岚清副总理的讲话反映了教育发展的方向，即教育应面向全体学生，尊重每个学生的个体差异，使每个学生都实现自身的价值。

审视我国的教育现状可以发现，传统的班级授课制在发展过程中越来越暴露出其在适应学生个体差异发展方面的不足：教师在照顾学生整体的同时，很难照顾到每个学生的具体情况。为了解决教育中存在的上述问题，我国在2001年展开了一轮整体性的教育改革，颁发了《基础教育课程改革纲要（试行）》，对基础教育的课程体系、结构、内容等方面进行了系统的调整和改革，构建了符合素质教育要求的新的基础教育课程体系。新课程强调，教师应尊重学生的人格，关注个体差异，满足不同学生的学习需要，创设能引导学生主动参与的教育环境，激发学生的学习积极性，培养学生掌握和运用知识的态度和能力，使每个学生都能得到充分的发展。新课程的实施使各学科的教师都开始在各自的学科领域中有意识地将学科教学与差异教学进行有机结合，促进了学科差异教学的发展。

我国学者华国栋在2001年出版了《差异教学论》一书。该书是我国教育界第一本系统研究差异教学问题的著作，主要从以下几个方面对差异教学问题做了阐述：学生的差异表现及差异测查、教育安置、教学目标制订、个别教学计划的意义与制订、灵活的课程安排、照顾差异的课堂教学、辅导训练、平等和谐的教学环境创设、学生间的合作、社区的支持、每个学生潜能的开发、差异考试和评价等。这些都为小学语文差异教学研究提供了理论研究的指导。

《国家中长期教育改革和发展规划纲要（2010—2020年）》中提出："关心每个学生，促进每个学生主动的、生动活泼的发展，尊重教育规律和学生身心发展规律，为每个学生提供适合的教育。"作为教育工作者，应该深思学生适合什么教育，不适合什么教育。当我们提到"适合的教育"的时候，本身就有个假设——世界是不同的。不同就是承认有差异，差异是客观存在的，这是前提。只有知道差异在哪儿，才能知道如何对待差异，如何发现或者是准确发现差异，是"适合的教育"的核心问题。

2011年版《义务教育语文课程标准》（以下简称《课程标准》）指出，尊重学生的个体差异，有利于每个学生的健康发展。可见，"促进个体的差异发展"越来越受到更多教育人的关注。差异化教学关怀每一个学生，从而让每一个学生按自己的特点发展。教育教学工作者应研究学生的身心发展规律，承认学生的个体差异，珍视并培养他们的独特个性。作为教师必须直面差异、尊重差异、善用差异、成就差异，促进学生的学习，让学生获得最大限度的成长。所有教师都要利用好学生的差异进行有效指导，从而让每个学生按照自己的节奏成长，让每一个学生得到差异化的发展，使他们共生、共长、共进。

教师必须对每一个学生负责，对每一个学生的发展负责。承认差异、利用差异、改进差异、优化差异、成就差异应成为每一个教师的自觉行动。相信并期待在江苏人民教育家首批培养对象、省级课题"小学语文差异化教学的实践研究"主持人陈红的带领下，研究团队能从理论、实践两个方面继续深入研究下去，让每一个学生都成为独特的"那一个"，同时为基础教育理论的发展和小学语文教学实践研究做出更大的贡献。

是为序！

朱小蔓

（作者系国家督学，北京师范大学教授，博士生导师，教育部思想品德课程调研专家，江苏人民教育家培养工程专家组组长）

2019年9月

前言

一群商人在一条船上谈生意，船在行进中出了故障，渐渐下沉，必须让乘客跳水。船长深谙世事，知道这些商人的文化背景不同，必须采取不同的方式分别去说服他们。于是他对英国商人说："跳水是一种体育运动。"英国人崇尚体育，听罢即跳。他对法国商人说："跳水是一种时髦，你没看见已经有人在跳了吗？"法国人爱赶时髦，遂跟着跳下。他对德国商人说："我是船长，我命令你跳水。"德国人遵守纪律，服从了命令。他对意大利人说："乘坐别的船遇险可以跳水，但在我的船上不行。"意大利人多有逆反心理，说不让跳他偏要跳。对非常现实的美国人，船长就说："跳吧，反正有人寿保险，不跳就死定了。"他对中国商人则说："你家中还有80岁的老母，你不逃命怎么对得起她老人家的养育之恩？"于是美国人和中国人也都跳下了船。从这一则不无夸张的幽默故事中，我们可以看出人与人之间的差异之大。

苏霍姆林斯基说："每个学生都是一个独一无二的世界。"每个学生所处的家庭环境不同，有着不同的家庭背景，每个人有着不同的个性特征，所以每个学生的世界、思维的特点、学习的方法等各个方面都存在显著的差异。而现实生活中的学校教育往往强调共性，忽视了研究学生的个体差异：一是无视学生差异的存在，强调平均发展，鼓励全优；二是不公正地对待学生的短处，有的学生成绩欠佳，被称为"差生"，甚至有"双差生"的称号。教师漠视生命，使学生生命力得不到充分的展示，扼杀了学生的创造性思维和个性发展。物种的差异促进了植物的生长，学生的差异促进个体的成长。学生与学生、教师与学生应共生、共长。"和而不同""同则不继"，为了使每个学生积极主动地发展，需要实施有差异的教育，为每个学生提供适合的教育。

本书是江苏省"十三五"期间立项的省教育科学规划课题的研究成果，是江苏人民教育家培养对象专项课题，也是连云港市教育科学"十二五"规划精品课题成果的再提升。学生是有差异的群体，在先天、后天，生理、心理、社会等各个方面都存在着明显的个体差异。学生在获取知识、理解和表达所学内容等方面都存在着依据原有知识水平而做出选择的现象，这必然要求教师为学生提供适合他们原有学习水平的教学。差异教学不仅需要教师关注学生的个体差异，更需要教师充分利用和照顾差异。教师必须适应和满足学生的差异和需求，最终成就差异。

本书以课题组提出的“让每一个儿童按照自己的节奏成长，让每一个孩子成为独特的自己”的教育理念，对差异教学进行了系统的实践研究，呈现了港城小学教育工作者的研究路径，展现了符合儿童生长节律、促进儿童健康生长的语文差异教学。“不求第一，只求唯一”，创设适合每个儿童发展的差异课堂，对一线教师有着很强的启发性：既能够不让一个儿童掉队，又能够挖掘儿童的潜能，帮助每一个学生取得进步，体验成功。

目录

第五章　差异教学：语文差异教学的课堂变革

第六章　表现评价：适合语文差异学习的评价

第七章　基于实践：差异化的语文课堂教学

第一章

差异教学：语文教学转型的应然选择

小学语文差异教学的内涵

一、为什么需要差异教学

1.“以人为本”的教育理念呼唤差异教学

差异教学过程中，教师与每个学生之间的关系是平等的，教师须将“为学生服务”作为自己的起点，不论是学习内容，还是学习过程，抑或是学习成果，均须给予学生多方面的选择。以学生为中心的差异教学，在各类教学方法中均不可或缺。教师在课堂上是为学生服务的，不以学生为主体的教学都有悖于教育的初衷。在差异教学过程中，教师既要善于发现学生的共同点，又要善于分辨学生的差异，从差异化的学生群体中来，向培养既能够综合发展又独具风格的人才的目标努力。差异教学积极主动地承认学生差异的存在并积极寻找对应的教学策略，力求让每一个学生在自己已有能力的基础上得到进一步的提升。

2.“班级授课制”的局限性警示我们要开展差异教学

现代科学技术迅猛发展的21世纪，先进教育理念在群众中的普及和提升使得“班级授课制”的弊端愈发凸显。一是班内集体教学是共性化的教学活动，与尊重、发展个性的现代教育理念相悖。二是教学主体有偏差。该制度本质是以教师为中心，与当下以学生为中心的趋势不匹配。三是该制度教学开放程度较低，局限在校内、教材内，与现代化教育的开放性特点不适应。鉴于以上原因，为促进学生个性发展，我们须在“班级授课制”的背景下努力尝试差异教学。

3.“课堂教学优化理论”为实施差异教学提供了依据和可能

差异教学的一项重要理论基础是巴班斯基提出的教学教育过程最优化理论。该理论致力于使教学目标、内容、方法与手段、组织形式以及课堂结构都得到优化，而且作为一个系统，整体效果也应是最优的。“课堂教学最优化”

就是“从顺利解决教学任务和合理消耗师生时间的观点出发，有科学依据地选择并实施既定条件下最佳的教学方案”。该方案具有以下标准：

（1）每个学生各方面因素都能够达到他“最近发展区”学习能力的可能性。

（2）师生共同遵守卫生学规定的用于教学和家庭作业的时间定额。

“教学最优化”的方式体系包含教学过程中的所有基本内容（任务、内容、条件、方法、手段、形式、结果）。以上各项最优化方式的总和并不独立，而是相互联系的有机整体。

二、差异教学的意蕴

1. 差异教学

目前，国内外学者对差异教学的概念界定主要有：一是实施差异教学旨在使教师改变教学的速度、水平或类型，以适应学习者的需要、学习风格或兴趣（美国学者戴安·荷克丝《差异教学——帮助每个学生获得成功》）；二是在差异教学课堂中，教师可以根据学情主动设计和实施多种形式的教学内容、教学过程与教学成果（美国学者汤姆林森《多元能力课堂中的差异教学》）；三是在班集体教学中，立足学生的个性差异，满足学生个别学习的需要，以促进每个学生在原有基础上得到充分发展（中国学者华国栋《差异教学论》，张福生等专家也对此做出了不同的界定）。

2. 小学语文差异教学

“语文是重要的交际工具，是人类文化的重要组成部分。工具性与人文性的统一，是语文课程的基本特点。”实施语文差异教学的关键在于明确语文学科与其他学科的不同之处。

（1）语文是一门人文学科，小学语文课本中的所有课文都是作者通过独特的人生体验有感而发的，其题材的选择、语言的运用都体现着作者的个性特点、生活体验和独特的审美体验。而所有这些，语文教师都可以带领学生从不同的角度理解并体会课文的思想感情，多元地理解教材内容。这也是语文学科与自然学科相比最大的特点。

（2）语文阅读教学中，很多问题是没有固定答案的，学生可以根据自己的想象或者自己的生活经验来回答教师提出的问题。

（3）语文学科重在培养学生的想象力和创造力，培养学生独特的语文审美能力，使其能通过阅读获得自己的心得，能写出自己的故事。

世界著名教育心理学家加德纳认为，过去教学中最大的错误就是以同一方式教授千差万别的儿童。小学语文差异教学是指教师根据小学语文课程教学的基本要求，立足于学生在智力因素、非智力因素、学习准备水平与学习需要等方面的个体差异，灵活确定语文课堂教学的一切环节，使学生在原有的语文知识与能力、过程与方法、情感态度与价值观方面都得到发展，进而促进学生深度学习，提升语文学科关键能力，让语文学科核心素养落地生根。

三、差异教学的特征

1. 差异教学充分关注并利用学生的个体差异

每个学生都是在生理、心理、经历、认知等各个方面均存在差异的个体，学生在获取知识、理解和表达所学内容等方面都存在着依据原有知识水平而做出选择的现象，这就要求教师为学生提供适合他们原有学习水平的教学。差异教学需要教师不仅关注学生的个体差异，更要充分利用和照顾学生的差异。差异教学要求教师调整并契合学生的差异、期待和需求，不再片面重视高分学生，忽视甚至直接放弃低分学生。

2. 差异教学促进每个学生最大限度地发展

差异教学充分发掘每个学生的潜在优势，给每个学生提供其处于“最近发展区”的学习内容。在课程安排上，差异教学按照学生的学习情况准备，设计灵活多样、多层次的教学内容，以便学生根据自己的兴趣和学习准备情况进行选择，从而为学生提供更加广阔的学习空间。差异教学坚持以“保底不封顶”的教育评价目标对学生实行多种形式、多种水平的教学评价。学习初对学生学习的预习准备、学习兴趣以及学习策略进行评价；阶段学习结束评价学生是否达到评价保底线，考核学生学业是否达到创造性水平；等等。因此，差异教学要做到为每个学生提供适应其特点的教学，从而最大限度地满足每个学生的学习需要，促进其个性的最大化发展。

3. 差异教学是弹性化组织管理的教学

差异教学是适应学生个体差异的教学，它遵循教学民主、学生主体性的原则构建课堂教学，在此基础上，教师是学生学习、学习进程的组织者和维护者，可以弹性管理教学内容、方法策略以及组织策略等，确保学生能够依据学习内容的难易以及节奏、习惯来选择个别学习、小组学习或全班学习等多种方式。这也对教师提出了更高的要求，教师必须能够在同一时间段内管理并监控多种形式的学习活动，并用自己的知识经验和教育智慧甄别学生的学习状态，确保学生乐于、善于参与和共享，从而实现互助与共生。

关于小学语文差异教学的研究

一、差异教学与相关概念的辨析

正确分辨差异教学与其相近概念的关系是正确把握差异教学科学含义的基础。

1. 差异教学与因材施教

差异教学与我国因材施教的教育思想理念不谋而合，但较之两千多年前由孔子提出的因材施教又有了新的发展。朱熹将孔子在教育教学中因人而异选择教学内容和方法的措施概括为“孔子施教，各因其材”。这一说法被后人概括为因材施教，也成为我国流传几千年的教育教学方面的优良传统。

如今教学论中常提及的因材施教，其基本含义与古代大致相同，主要包含以下几个方面：一是教师要了解和把握学生的个性特点、学习情况和学习能力等方面的差异；二是教师要从学生的实际出发，针对不同学生的不同情况组织教学；三是教师在教学过程中要面向全体学生，使其得到全面发展，学有所长。从以上三点可以得知，因材施教的内涵和本质在于教师在教育教学过程中要有意了解不同学生的不同个性、需求、长短处和已有的知识储备等，然后从实际出发，有针对性地进行教育教学。因材施教是教学遵循学生身心发展特点、规律的反映。

孔子提出因材施教的主张主要针对当时的个别教育体系，当时的班组集中学习尚处在萌芽状态。但差异教学思想的提出则是追求在班级集中授课制中尽量发展不同学生的不同良好个性。由于时代认知的限制，孔子心目中的“材”是“天赋的品德才能”（这句话是否准确需要推敲，笔者注）。他认为，“生而知之者，上也；学而知之者，次也”“唯上知与下愚不移”。他主张的因材施教从某种意义上说是“以教为中心”。而差异教学强调的是如何让“教”更好地为“学”服务，适应不同学生的学习需要。差异教学的表征是设计形式多样的学习活动，满足不同学生的需要，内涵则是促进学生最大限度的发展。

但是因材施教与差异教学在基本理念上是基本吻合的，都重视学生的个体差异。差异教学在原有尊重个体差异的基础上又进行了延展和提升。它更加明确地指出，尊重差异是必要的，但更要把促进学生的个性化差异发展作为教育教学活动的价值取向和目标追求，即差异教学是一种更为完整的教学理念，它先有明确而清晰的价值取向，紧接着再融入与这一理念相适应的系列教学策略。简而言之，因材施教是在教学原则和教学方法层面提出的，而差异教学不仅包含教学原则和教学方法，还包括教学理念和教学策略的上下建筑层面。

2. 差异教学与分层教学

差异教学汲取了分层教学的精华，又在原基础上对分层教学进一步完善提升。分层教学是我国教师为照顾学生差异在班集体教学中概括出的一种宝贵经验。较之传统班级教学形式，分层教学对整体提高教学质量，促进学生的提升具有积极作用。鉴于分层教学的本质内容，它的定位也分多种，如教学模式、教学方式、教学方法、教学途径等。1986年，山东省烟台市召开初中教育座谈会，确立了“分类指导，分流施教”的教学改革思路，布置26个实验点学校试行实施。这是分层次教学的雏形与初试。1992年，上海市教育科学研究所一课题组提出了“分层递进教学”的主张，把它定位为“在课堂中实行与各层次学生的学习能动性相适应的、着眼于学生分层提高的教学策略”。之后，上海、北京、山东、江苏、福建、浙江等省、市在个别化教学的总原则指导下，分别以“分层次递进教学”“异步教学”“弹性教学”等为名相继进行了探索：既有在高中试行的，也有在初中推行的，还有初高中并进的；有班内分层的，也有同年级分层的；有在一个年级试行的，有在一所学校乃至一个地区推行的；有在两个学科实验的，也有在几科或全部学科全面推开的；有必修课实验，也有开设选修科和活动课的。但分层教学也存在着明显的不足和局限：一是分层教学客观上会产生标签效应，直接或间接打击一些学习能力较弱的学生，影响他们的身心健康，尤其在我国教育资源尚不均衡的情况下更易导致教育的不公平；二是每个学生优势潜能的发挥都需要一定的时机和内外因素，过早“分层”不但会埋没人才，还会影响学生的人生发展；三是“分层”的主要依据是学生的智力水平和学业成绩，“分层”因素过于简单，没有考虑学生还有情感、性格、认知经历等方面的差异；四是分层教学只是从教学方法、单一教学策略来关注学生的差异，但这样的关注力度明显是不足的。差异教学致力于全方位、多角度关注学生差异，将同质分层和异质合作相结合，将校内校外教学相结合，将学校、社区、家庭三者教育相结合，从而弥补分层教学的不足，进一步完善教学理念和教学策略。

3. 差异教学与个别化教学

个别化教学是20世纪西方教育理论和教育实践中的一个重要改革方向，它是基于传统课堂教学忽视学生个体差异的弊端所提出的，兴起于20世纪初，主要用于特殊儿童教育，20世纪50年代后进入蓬勃发展阶段，并逐渐拓展到普通教育领域。从目前西方个别化教学发展的状况来看，虽然已经创造了许多新颖而有效的教学模式，如程序教学、视听教学、计算机辅助教学、非指导性教学、按需学习计划、个人化教学系统、“掌握学习”等，但它们一般都与较优越的教学条件联系在一起，如完备而充足的现代教育技术条件、较小的师生比、精确的教育诊断技术等，这与我国基础教育的实际条件存在着较大的差距，因而要在我国中小学推行其具体方法和模式存在较大的困难。然而个别化教学的思想与我国因材施教和差异教学的思想在本质上是一致的。个别化教学是针对差异教学的教学形式层面而言的。

另外，差异教学借鉴了西方个别化教学（后发展为个性化教学）的理论，但力求本土化，以适应中国教育国情，并在重视个性的同时，强调共性和个性的统一。差异教学立足我国学生众多、教育资源不足的国情，重点解决在班集体教学中发展学生良好个性的问题，追求的是个性与共性和谐统一：既发展学生的个性，也培养学生的集体主义精神；既针对学生提出不同的学习要求，也有共同的基本标准；既追求个性化教学，也强调教学的社会化；既强调学生独立自主，也强调合作分享；既注重认知过程，也注重个性的其他方面。

由此，我们可以看出，差异教学与因材施教分层教学和个别化教学均有所不同。因材施教是差异教学发展的初级形式和形态，分层教学是差异教学中的一种策略，而个别化教学则是差异教学发展过程中的一种形态。

二、差异教学的研究现状

1. 国外研究现状

差异教学这一概念虽然出现较晚，但其思想却早已有之。古希腊哲学家苏格拉底的“产婆术”根据学生个体的差异，追问不同的问题，这可以说是差异教学思想的源头，关照了学生的个体差异。到了近代，杜威（Dewey）在《民主主义与教育》中也提出教育要以儿童的经验、活动为中心，教育措施要对儿童的个体差异加以考虑，此时的差异教学思想已初步体现。19世纪60年代，西方掀起了人本主义思潮，罗杰斯（Rogers）提出“以学生为中心”的主张，认为教师只是一个“方便学习的人”。他认为教学应该发现人的目标，即促进学生发现自己、发展自己。维果斯基（Vogotsgy）的儿童发展观深刻解释了教育和发展的关系，提出了“最近发展区”的概念，这一思想关注的是学生已有的知识水平和经过努力能够达到的水平。1983年，美国学者加德纳（Gardner）提出多元智能理论，为有效实施差异教学提供了心理学基础。

差异教学这一概念的具体提出则是2003年，中国轻工业出版社出版了美国学者汤姆林森（Carol Ann Tomlinson）的著作《多元能力课堂中的差异教学》一书。书中针对当时美国课堂中学生差异日趋明显和分化这一现象以及各个年级的教师所面对的多元能力课堂中学生的学习差异，提出了一系列差异教学的实施策略，帮助教师了解学生在学习风格、兴趣和准备水平上的差异，并在此基础上协助教师明确了差异教学的性质、基本理论与实践工作，从而帮助教师自如面对多元能力课堂，顺利开展差异教学工作。

2004年，中国轻工业出版社又出版了美国学者戴安·荷克丝（Diane Heacox）的著作《差异教学——帮助每个学生获得成功》。作者以加德纳的多元智能理论和布卢姆的目标分类理论为理论基础，通过具体的测量工具来全面了解学生，帮助教师了解如何采取具有挑战性和多样性的教学目标、弹性的教学分组和层递式任务等具体的教学行动，正确看待分数和管理差异教学。最后提到了对特殊学生的差异教学，从而使教师更好地了解并实施差异教学。

以上两本书由外国学者所著，针对的是外国班级学生人数较少的课堂。而我国实际课堂学生人数相对较多，所以许多具体的差异教学措施想在我国课堂中直接实施是相当困难的。

2. 国内研究现状

我国学者华国栋在2001年出版了《差异教学论》一书。该书是我国教育界第一本系统研究差异教学问题的著作，主要从以下几个方面对差异教学问题做了阐述：学生的差异表现及差异测查、教育安置、教学目标制订、个别教学计划的意义与制订、灵活的课程安排、照顾差异的课堂教学、辅导训练、平等和谐的教学环境的创设、同学间的合作、社区的支持、每个学生潜能的开发及差异考试和评价等。这本书从理论的层面对差异教学进行了分析，可以说阐述得很全面，但对于真正实施差异教学的一线教师来说，缺乏行动上的指导。

邓志伟先生在《个性化教学论》一书中围绕儿童个性发展的终极目的，提出个性化教学的框架结构，力图从理论上建立个性化教学实践的制度平台，提出教学服务要以“平民化自由人格”为目的对生活主体进行培养，以人和环境的互动作为个性化教学的活动机制，以主体间性（主体之间的关系，强调关系的双方都是平等的主体，关系的发生是互动的）作为个体化教学师生关系的纽带，以“回归生活世界”作为个性化教学的范式，以自主、自治作为个性化教学的基本策略，以信息技术媒体作为个性化教学的辅助手段，以掌握教学、策略教学、创造性教学、情意教学和民主教学作为个性化教学的基本模式，以自由作为个性化教学组织的原则，以“生态化课程”作为个性化教学的课程体系，以发展作为个性化教学评价的基本理念。这本书虽然不能说是差异教学的专著，但其新颖的观点、思路，翔实的资料，对本研究具有难得的参考价值。

史爱荣等学者在《教育个性化和教学策略》一书中讨论了个性及其个性化对个体素质发展的影响、性格差异对学习的影响；由于个性的学习差异所表现出的学习能力、学习动机、学习兴趣、学习自主性差异，还讨论了班级授课制对个性发展的影响、小班教育的依据和策略、分组学习策略、个性化学习风格和教学策略，分组自主学习模式和各科教学的个性化等适应个性化学习风格的教学模式；还介绍了个性化教育的课程设置和个性在创新教育中的地位和作用等。该书尽管还是从心理学角度来研究个性、个性差异，但其中的个性差异分类、班级授课制对个性发展的影响等研究成果，对本研究具有研究思路上的指导意义。

除了认真阅读差异教学的相关书籍，我们差异教学课题组的成员还于2019年1月在《中国期刊全文数据库》（知网）上进行高级检索，检索库为全部期刊、硕博论文、SCI来源期刊、EI来源期刊，发表时间为2009年1月—2018年12月（近10年），检索匹配为精确。期刊类我们的检索分为三次：第一次检索主题为差异教学，检索结果为1175条（其中基础教育与中等职业教育为508条）；第二次检索主题为“语文差异教学”，检索结果为62条；第三次检索主题为

“小学语文差异教学”，检索结果为31条。从检索到的文献数量看，教育研究者和一线教师对于差异教学已经有所关注，但是对于小学语文学科中的差异教学研究关注还不够。从差异教学的研究机构看，在中国知网显示的目前差异教学研究成果较为丰硕的40个单位中，有34所大学（占85%），1所教科研机构（占2.5%），5所中小学（占12.5%）。可以看出，大学对于差异教学的研究比较重视，基础教育阶段对于差异教学的关注度还不够。从发表期刊的质量看，31篇关于“小学语文差异教学”研究的论文除了3篇硕士论文外，期刊论文没有一篇发表在核心期刊上，论文主要内容都是阐述小学语文课堂差异教学的现状及教学策略的，论文内容多为经验介绍，理论思辨和建构较少。

课题组成员从中筛选了与本课题研究相关度较高的60余篇文章进行研读，发现国内已有研究暴露的问题：第一，研究对差异教育教学的理解不尽一致；第二，研究相对来说还比较松散，没有形成较为完整的理论体系；第三，研究范围主要在学校内部，不论是课程教学还是教育管理，不论是实践研究还是理论研究，基本上都是对学校中差异性教育的探讨；第四，研究者在把握差异教学具体研究领域时，偏向强调“共”的方面，而忽视了“个”的存在；第五，对差异教育理论基础的挖掘与整理还较为浅层，没有形成差异教学完整的、牢固的形而上的支撑与指导。

综合以上分析我们可以大致得出以下结论：目前，差异理念落实到微观层面（语文课堂教学）的研究还不够深入。因此，我们的这项研究存在较大的研究空间和研究可能。

学生差异表现的多样化

世界上不存在相同的两片叶子，更没有完全相同的两个人。正是因为学生存在个性差异，发展潜能不同，所以研究差异教学，必须先要研究学生的多样化。学生与学生之间的差异是一种巨大的学习与教育资源，充分发掘并利用，可以创设语文课堂教学的新境界。

一、不同的家庭背景

无论是一年级新生，还是新接手的班级，教师首先需要了解学生的家庭背景，如学生父母的职业、年龄、爱好、受教育程度，家庭的藏书量，等等。这些自然信息可以让教师更好地了解学生的家庭情况，知道学生学习的环境与氛围。有的学生父母长期在外打工，由老人长期照顾，这样的学生需要特别的关爱，在学习中需要提供适宜的帮助；有的学生父母离异，隔代教育又过于溺爱，学生行为习惯欠佳，需要教师严格要求，引导其形成好的学习习惯。

二、不同的学习兴趣

兴趣对学生的行为具有驱动、定向、维持和激励的作用，不同的兴趣会产生不同的结果。兴趣存在明显的年龄差异与性别差异。仅阅读而言，男生喜欢阅读历史、地理、科学等方面的书籍，女生偏爱童话故事、散文、诗歌等。不少女生愿意进行童话故事的创作，而男生不愿意。

三、不同的学习动机

奥苏伯尔认为，一切学习动机都至少包括三方面的内驱力，即认知内驱力、自我提高内驱力和附属内驱力。学生在学习动机上的个体差异比较明显。在课堂中，每个学生都在努力学习，但动机却是不同的。理想的学习动机构成应以认知内驱力为主，以其他两个方面为辅。过强与过弱的学习动机都不利于学习的开展，教师需要在课堂中了解学生学习动机的实际状态，根据个体差异，给予及时引导与调整。

四、不同的学习能力

学生的学习能力千差万别，学习能力强的学生学得既快又好，学习能力弱的学生学得慢且差。因此，课堂上教师须关注学生的学习能力差异，学习目标要有所区别，以提高学生的认知性学习能力和交往性学习能力，从而达到“学会学习”“教是为了不教”这样的教学理想状态。

五、不同的学习风格

学生在学习过程中常常表现出某种特殊的倾向，体现个性的学习风格。关于学习风格分类有很多，在此不做赘述。学生的学习风格带有个性化的色彩，具有个人的特色。有些学生依赖教师或者同伴的指导，有些学生主要通过听觉系统来学习，有些学生通过实践或者模仿进行学习，有些学生喜欢独立学习，有些学生喜欢分组学习，等等。

了解学生的差异真正的用意是更多地理解学生，认可学生的学习品质，力所能及地帮助学生学习，永葆教学的活力。

小学语文差异教学的实施

一、建立每个学生的信息库

通过多种渠道，完善每一个学生的信息，建立信息库。信息库内容包括学生健康状况、学习兴趣、学习风格、优势与劣势智能及特别说明。了解每一个学生的个性发展情况及发展可能，可使其优势更强，劣势变弱。

二、营造并形成“三自”的学习氛围

在大班额的情况下，要尊重学生的个性差异，可设计富有挑战性的学习任务，唤醒学生的“三自”意识，使其自觉投入学习中（“三自”即自发、自学、自励），从而达成“三自”，即自知、自躬、自认。

三、“三段式”差异教学模式

构建“三段式”的差异教学模式：课前问学与梳理（尊重差异，找到学习的起点）—课中互学与分享（关照差异，让每一个学生在场学习）—课后拓展与延伸（成就差异，让学生实现有差异的发展）。

四、小学语文差异教学的多种策略

1. 固定课程与选择性课程相结合的策略

“改到深处是课程，改到实处是课堂”，学生的核心素养培育必须在课程中深化，在教学中落实。差异教学的目的是促进学生自我教育，使每一个学生在原有的基础上得到最好的发展。落实核心素养，需要以课程为依托。我们对现有的国家课程、地方课程、学校课程进行整合，通过分层、分类设计，开发出近200门语文学科课程供学生选择。

为了满足不同班级学生对课程的不同需求，满足所有学生的发展需要，每位语文教师都开发了班本课程。笔者也开发出系列课程。诗词会、我爱小古文、名人访谈录等特色班本课程已经推广至更大范围；任课教师与班级绑定，学生自主选择任课教师，达到“教师不动学生走动”的走班式效果。这些分类别、分层次，设计多样，可供学生选择的课程内容，能满足所有学生个性发展的需要。

2. 语文教学内容调整和组织的策略

教学变革是核心素养落地的重要方式。以多元智力理论为指导开展语文差异化教学，可推动学生核心素养的形成。仅就言语智力的发展而言，教师可以采用的教学方法就有讲座、讨论、演讲、辩论、头脑风暴、讲故事、朗诵诗歌散文、写作、采访等。凡是涉及听、说、读和写的活动都可以用来发展言语智力。语文教师要鼓励学生选择适合自己的学习内容和学习方式。具体措施如下。

（1）目标拟定层级化——语文差异性学习的“催化剂”

教师应根据语文课程总体目标及学生的个体差异，制订差异性教学目标，满足不同的个体需求。从知识、技能、情感的基础出发，制订适合每节课教学的多元的、有差异的、具体的、可操作的目标及教学方法，促进学生的有效学习。

例如苏教版语文第十二册《山谷中的谜底》一课，针对不同层面的学生确立不同的教学目标。目标一：读懂课文，理解“有时弯曲不是屈服和毁灭，而是为了生存和更好地发展”的含义。目标二：联系课文内容和生活实际，理解“有时弯曲不是……而是……”的深刻含义，列举古今中外以退为进的例子。目标三：在理解“有时弯曲不是……而是……”的深刻含义的基础上，写一篇读后感，或者完成“学会生存”的命题习作。

小原国芳曾经说过：“一节课里优秀生有一半时间荒废了吧。旁视一下就挨训，一节课都得纹丝不动，这是何等痛苦啊！这样自然会染上懒惰、发呆、精神不集中、反感等恶习……”三个不同层次目标的设置，体现了教师对学生个体差异的高度关注，让不同层面的学生都获得语言提升，同时使得每一个不同层面的学生都能在智力与非智力因素方面拥有提升的空间。

（2）儿童学习选择化——语文差异性学习的“内吸剂”

教师要将语文课堂从“教师中心”转到“儿童立场”，赋予儿童成长过程中生命意义建构的权利。在学习中，教师要少一些统一性的指令，多给学生一些自主选择学习的权利，让他们根据个人的喜好和需求，在一定的范围内选择适合自己的学习内容。

例如，苏教版语文第十册《埃及的金字塔》这一课，教学的重点是抓住说明文文体特点，了解文章说明方法，并揣摩这样写作的好处，体会说明文语言的特点。在教学过程中要让学生的学习充满探究的乐趣，让学生通过自主探究，关注文本内容与表达形式。学生自主选择学习内容上台介绍，教师根据学生的选择进行及时指导。学生在汇报与补充中掌握说明文形象描述、列数字等方法。最后教师提供一些图片及文字资料，让学生自由命题，当堂练写。

这样的做法既确立了学生的主体地位，照顾到了学生的差异，又在自主探究的氛围下轻松完成各个重要知识点的教学，同时解放学生的学习时空，让学生有充分的时间进行阅读实践，内化吸收，自由生长。教学，就应该还原学生的"主体性"，让学生思维得到发展与提升。

（3）理解感悟独特化——语文差异性学习的"内生剂"

课堂上，很多时候不同的学生理解会有差异，甚至会与教师不同，这种现象随着年级升高会更加明显。这时候，教师应该站在学生的立场上，允许他们发表不同的意见或建议，让他们个性化地阅读、理解、感悟，真正拥有表达的机会。

例如，教学苏教版语文第十二册《如梦令·常记溪亭日暮》。课中，教师问学生如何读好两个"争渡"，一个学生把两个"争渡"都读得比较快。教师问："你为什么这么读？"学生回答："词人非常焦急，这样读表示词人正在奋力划船。"另外一个学生发表不同意见，觉得要把两个"争渡"都读得比较慢，理由是词人正在吃力划船，所以读得要慢。还有一个学生说："先快后慢！词人当时内心非常焦急，也就手忙脚乱快速划起来。但因为酒醉，划不动，因此速度比较慢。"

上述教学中，教师把学生的差异作为一种资源来开发。教师的引导以学生客观存在的差异为前提，运用不同的朗读方式，尊重每个学生的理解，使得每个学生获得最佳发展，使课堂教学真正成为师生共同参与、共同发展、创造性实现教学目标的过程。

3. 共性作业与个性作业相结合的策略

语文教师在作业的设置上需要根据班级学生的特点，运用符合差异教学要求的、灵活多样的弹性语文作业策略，让菜单作业、分层练习等变为语文差异化学习的"吸收剂"，让学生的学习从课内延展到课外。

（1）菜单作业，随心选择

教师面向全体学生布置作业的同时，更要考虑各个层面学生的学习需求，使每个学生都能在完成不同难度和不同数量作业的过程中有所收获，并能享受到成功的喜悦。教师应为学生提供形式多样的"菜单式"作业，让学生自主选择。

例如，苏教版语文第十册《六月二十七日望湖楼醉书》这首诗学完之后，教师设计以下三种类型的作业："菜单A"——拓展延伸，自主学习苏轼的另一首诗《饮湖上初晴后雨》；"菜单B"——自学苏轼的诗词，准备参加班级的苏轼诗词大会；"菜单C"——阅读《苏东坡传》，了解词人生平。

（2）菜单练习，人人受益

教师可以根据学生知识水平和思维能力的差异，设计"必做"题和"选做"题；根据学生的基础不同，设计"基础题""加强题""拓展题"；等等。这样，既能使优生"吃饱"，又能使暂时落后的学生"吃好"，还能使中等生"吃饱又吃好"。

如教学苏教版十二册《学会合作》一课时，可让学生自主选择训练题目：①找一找，摘抄关于合作的名言；②查一查，搜集关于合作的小故事，到班上讲一讲；③写一写，完成"学会合作好处多"的演讲稿，准备演讲比赛。

（3）免写作业，解放学生

教师可以根据学生的学习情况，让一部分学生享有不写教师布置的家庭作业的权利，让他们有更加充裕的时间去阅读、摘抄，从事研究性学习，发展兴趣爱好，等等。这些学生可以定期分享属于自己的独特学习成果——小报、摘抄卡片。

如学生亓美夕在日记中写道："没有家庭作业的日子无忧无虑，充满了欢乐！我可以和爸爸妈妈一起看电影，写写观后感；可以自由徜徉在书的海洋中，让心灵自由放飞；可以信手涂鸦，为弟弟亲手制作我最钟爱的绘本……"

4. 评价从单一化走向多元化的策略

学生是与众不同的个体，教师要为每一个学生设计一把尺子，量身定做出适合学生成长的评价，让评价把他们的才智和潜能最大可能地激发出来，使他们成为最好的自己。可变单一的教师评价为学生自评、学生互评、教师评价、家长评价、社区评价、导师评价相结合的多元评价方式，由单一形式走向多层形式，由单学科走向学科整合，由个人独立承担走向小组合作，将必考与免考、固定内容与选择内容相结合，从学业评价走向素养评价。

首先，评价目标的多元化。

新课程提出多元化的评价目标，针对学生的评价，其目标应是多元的，而不是单一的，至少应包括以下几个方面的功能：反映学生学习的成就和进步，激励学生学习；诊断学生在学习中存在的问题，及时调整和改善教学过程；全面了解学生的学习历程，使学生主动参与学习，使学生形成对学习的积极态度、情感和价值观；帮助学生认识自我，树立信心。

其次，评价主体的多元化。

教学过程是师生、生生互动的多主体参与的过程，因此，在评价时要改变单一由教师评价学生的状况，让学生也参与评价。学生自评和学生互评，是实现评价主体多元化的方法之一。让学生参与评价过程与结果的分析，主要是为了让学生通过自我评价提高自主意识、反思能力与学习积极性和主动性，从而更加有效地促进其发展。同时学生自评和互评也是一种非常有效的学习方法，它根源于建构主义学习理论，体现了学生的主体性。

再次，评价内容的多维度。

我们以多维视角的评价内容综合衡量学生的发展状况，不仅关注学生的学业成绩，考查"认识"或"概念"等认知，同时关注"表现"等行为层面，情感、态度、价值观等情意层面，创新意识和实践能力等能力层面，心理素质、学习兴趣等心理层面的考查。尊重个体差异，注重对个体发展独特性的认可，给予积极评价，发现和发展学生多方面的潜能，了解学生发展中的需求，帮助学生悦纳自己、拥有自信。

最后，评价方法的多样化。

我们应针对不同学段学生的特点和具体内容，选择恰当有效的评价方法。对学生知识技能掌握情况进行评价，将量化评价和质性评价相结合。情感与态度方面的评价则主要通过教学过程中对学生的参与和投入进行考查。考试是一种有效的评价方式，我们可以根据考试的目的、性质和对象，选择不同的考试方法，有辩论、手工制作、科技小论文等开放、动态的测评方式，摒弃将考试作为唯一评价手段的做法，充分重视和采用如行为观察、情境测验、成长记录档案袋等质性评价方法。将诊断性评价、形成性评价和终结性评价有机结合。通过这些评价方法的结合，准确、公正地评价每一个学生，保证评价结果的信度和效度。

第二章

差异教学：学生语文学习的差异化需要

小学生差异的表现

小学生由于年龄小、稚嫩，差异性表现尤为明显，主要表现在五个方面。

一、性格上的差异

小学生的性格各不相同，这就会对学生的学习产生较大影响，学生会在课堂上出现不同的个体表现，语文教学活动过程与效果也会因此有所不同。有些小学生性格活泼好动，他们在语文教学中大多表现非常积极，当教师提出问题后会踊跃回答，教师很容易注意到这类学生。活泼好动易导致这部分学生在思考层面上存在问题，很难做到对问题进行深思熟虑，对问题考虑较为片面，得出的答案较为草率。有些小学生性格安静内向，不愿意在别人面前展示自己，当教师提出问题后，他们大多默默思考，很少举手回答问题。教师对这部分学生要积极引导，增强其自信心，给予其更多肯定，让其能够感受到被认可的喜悦，逐渐变得乐于并善于表达自己。

小学生的差异性表现与其生活环境有很大的关系，尤其是对于一些家庭情况比较特殊的学生，教师在面对这些学生的时候，不能只对表面现象采取应对措施，还要深入地了解学生的实际情况，采取有针对性的策略。小学生差异性表现是一种非常正常的成长过程，小学阶段也是培养学生性格的最佳时间。教师不仅需要在课堂上对学生进行引导，还须在布置作业方面对学生进行一定的有针对性的引导。对于沉默、消沉的学生，教师可以布置朗读、演讲类的作业，提升其表现能力，并对其予以充分的肯定。定期家访是了解学生成长环境的有效措施，通过该方式也能够挖掘学生表现背后深层次的原因，从其心理上对其进行引导与优化，从根本上改善其课堂表现。然而教师不能根据自己的意愿强行地让学生进行改善，需要充分尊重学生，在保证其学习效率的前提下，让学生有个性地成长。要避免出现千篇一律的现象，这样不利于培养学生的创新能力。众所周知，中国教育相对美国等发达国家更加严格，尤其是高考，但是从创新角度上分析，我国的小学生并不优于美国等发达国家的小学生。造成这一现象的主要原因就是我国教师将教学意志强加给小学生，同时人为制定了好学生的标准。为了能够使学生充分发挥自我个性，培养其创新能力，教师在教学的过程中要掌握好对学生差异性的管控，既要针对学生的不同特点，帮助学生改正缺点，又要保证学生的创新能力和个性不受限制。

二、性别上的差异

学生的性别不同也会对教学效果产生一定的影响。研究显示，女生通常具有更为发达的右脑，而右脑主要支配艺术欣赏等感性认知；男生通常具有更为发达的左脑，左脑主要负责逻辑运算、抽象思维等理性认知。男女生思维因受生理成分影响而存在客观的差异。在语文学习过程中，男生对探究类文章更感兴趣，如社科文、说明文等，对于情感丰富的散文、诗歌等，男生在学习中大多兴趣恹恹；女生在语文学习中则更喜欢表达情感的散文以及记录生活的记叙文，在学习社科类文章时则大多具有一定抵触心理。

性别上的差异造成学生对不同学科喜好程度不同，这将有可能造成学生的偏科。教师在教学的过程中要善于引导、培养学生对各个学科的兴趣，促使其热爱各个学科。这种差异是不可避免的，是由于学生不同的心理活动而造成的，如果不能及时进行纠正，将会影响其今后的学习。在教学策略上，教师可以让更多的男生对感情丰富的文章进行分析，让其将自己的阅读感受与大家分享。此外，还可以给男生布置拓展作业，让其在现有文章的基础上，寻找表达情况较为相似的文章，通过这种方式来促使男生对文章的情感进行深入的理解，进而提升其对情感丰富的文章的兴趣。对于女生的学习过程，可以采取学习小组、竞赛的形式提升女生对社科类文章的兴趣。无论男生还是女生都应该掌握各种类型的学科知识，只有这样才能够在以后的深入学习中建立良好的学习自信与学习习惯。因此教师必须采取一系列措施，提升学生对其薄弱学科的兴趣。

三、喜好上的差异

对于小学生来说，他们的喜好大多各不相同，而不同的喜好又会对学生的学习兴趣产生极大的影响。例如，有些学生对历史兴趣较为浓厚，这就使得他们在语文学习上更喜欢古诗词或与历史相关的文章；有些学生非常喜爱大自然的美景，这就使得他们在文章写作上更善于对环境进行描述；还有一些学生喜欢进行数字上的计算，这就使得这部分学生对数学较为感兴趣，其数学成绩也会相对较好。无论学生对哪方面感兴趣，都是一个良好的开端，教师应该对其进行充分的鼓励，并肯定其在该学科上所取得的成绩。但是教师需要注意的是，不能让学生形成偏科的恶习。造成偏科的原因多种多样，但是最关键的因素还是学生对该学科感兴趣。只有让学生对学科充满兴趣才能够从根本上提升学生的学习水平。这种喜好差异是学生理性思维不健全的表现，也是小学生正常的表现。

小学生的喜好有些是先天对某些内容感兴趣，有些需要后天的培养。教师的引导可使其逐步对某些内容产生兴趣。小学生兴趣的产生与丧失具有一定的随机性与时间性，即兴趣的减弱或者消失很可能只是因为一件不经意的小事，随着时间的推移学生对事物的兴趣会逐步减弱。这种喜好衰减的过程具有一定的规律性，教师在教学过程中，需要对学生这种规律进行灵活的掌握，通过一系列的教学措施，在学生即将出现兴趣减弱或者兴趣消失时，对学生进行兴趣的激发，提升其对语文学习的兴趣。对于一部分对语文没有兴趣的学生，教师可以通过鼓励、布置有针对性的作业等一系列的措施来提升学生对语文的学习兴趣，以提升其语文的学习成绩。喜好上的偏差是个体差异造成的，而个体之间的差异无法避免，但是通过有效的引导，能够促使学生喜欢语文，对语文产生浓厚的兴趣。

学科上的喜好不同，是学生在学习上一种较为常见的表现。从教育的角度来讲，这对于学生的学习有着很好的促进作用。但是由于一部分学生在学习上的精力有限，其在学习的过程中为了满足自己的爱好，有可能将学习时间进行不合理的分配，造成其他学科学习时间的缩短。学生虽然在兴趣学科上取得了一定的成绩，但是这并不利于学生全方位的发展。学生一旦出现明显对某个学科感兴趣的情况，教师要进行仔细的甄别，让学生在不影响其他学科成绩的情况下，利用其他时间进行深入研究。教师不仅应该给予鼓励，还应该指引学生如何进行知识的进一步拓展，这样有助于学生朝着更加合理的方向进行学习的深化。但是如果学生由于对某一学科感兴趣，而造成其他学科的学习成绩下降，这时教师就应该及时对学生予以指导，促使学生更加均衡地分配学习时间，减少偏科现象的发生。

四、能力上的差异

抛开外在因素的影响，学生在能力层面上也存在较大差异。能力就是会对个体活动效率产生直接影响的重要心理特征。有些学生具有活跃度较高的思维，因而面对教师的提问能够给予快速反馈；有些学生具有较强的记忆能力，对文章背诵等任务可以轻而易举地完成；还有些学生具有较强的接受能力，面对新的知识能够用较短的时间将其理解内化。学生主观能力不同导致他们在语文学习上呈现不同的学习效果。他们对语文知识的感知能力以及理解能力各不相同，有些学生能够迅速把握学习的重点，而有些学生则需要花费较多时间用来消化才能实现知识的掌握。

学习能力的差异是造成学生之间知识水平产生差异的根源，也是进行普通教育时常见的问题之一。教师在常规教学过程中如果按照一般的知识水平与逻辑顺序进行讲解，有可能造成一部分学生觉得教学过程拖沓、乏味，因而产生走神等行为。而另外一部分学生则会觉得课堂教学过程晦涩难懂，不能跟随老师的思路进行学习。这两种现象的存在是因为课堂教学资源在进行分配时存在一定的不科学性，这会影响学生的学习积极性。此外，学生对于语文的学习兴趣也会受到学习能力的影响。部分学生由于无法跟随老师的讲课节奏进行学习，最终导致学习成绩下降，逐渐丧失对语文学习的兴趣，不断弱化对语文学习的主观能动性。对于另外一部分学习能力强的学生，由于老师讲解的知识都是其已经理解的内容，不仅造成了这部分学生学习时间的浪费，还容易造成学生注意力分散，不利于优秀学生进一步提升自己的水平。学习能力之间的差异有些是与生俱来的，如悟性、智商等；还有一部分是后天培养而来，如学习习惯、学习方法等。

不同学生在学习能力上的差异是不可避免的，这是思维发育的必然结果，在客观上是由一些先天条件，如智商、发育程度等因素引起的，这是无法避免的。但是从学生的主观角度分析，可以通过培养良好的学习习惯进行一定的改善。这种良好习惯的建立并不具备标准统一性，因此需要建立多样化的评价标准，从多个角度对学生进行评价，并对其特长部分进行深入的开发，充分发挥其优势。

五、思维上的差异

思维是客观存在事物在人脑中的反映，它对个体的成长具有十分重要的意义。对人类的思维进行分析发现，它们存在共同的规律性，但是又表现出明显的个体差异。因而，教师要在教学活动中对学生思维上的差异予以重视。

有些学生面对问题，思维具有较强的创造性，会从不同的角度来分析问题；而有些学生面对问题则能够进行较为深刻的思考，得到更加深入的结论。因此，不同学生的思维品质会产生不同的学习效果。

学生的思维差异可以理解成逻辑思维完整性的差异。小学生社会经验较少，知识储备较少，因此在对一些问题进行考虑时会有所欠缺，也缺乏对问题进行进一步分析的能力。这种思维上的差异会造成学生学习能力之间的差异，进而导致学生学习成绩有所差别。思维本身具有一定的过程与开拓属性，因此思维之中同类事物的应用与创新非常重要。在这一过程中，完善学生的思维、创新其考虑模式，意义非凡。思维的深度与广度直接关系着知识的理解程度，也与小学生语文学习能力的培养、知识体系的搭建息息相关。在传统的教学模式中，教师往往忽视学生的思维差异性，单独参考语文学习成绩对学生进行思维能力的判定。这种判定逻辑虽然具有一定的科学性，但是由于不同学生实现知识水平提升的思维方式不同，当教师想要提升学生学习水平时，可能由于方法不得当，只能够对其中一部分学生产生效果。教学方法的普遍性，造成教师即便付出再多的时间与精力，使用再多的课堂时间，也无法取得既定的教学效果。

小学生差异的形成

小学生之间的差异是客观存在的，是不会随着学生的成长而消除的。那么究竟有哪些原因会导致小学生差异的形成呢？学生在学习过程中所展现的差异受多方面因素影响。每个小学生都是一个独立的个体，他们具有思维能力及思考习惯的独立性。学生不同的行为习惯来源于思想意识的差异。所以，分析学生学习过程中所显示出的差异可以结合行为理论和学习理论进行深入分析。就行为主义理论而言，能否有效处理刺激与反应之间的关系是学生能否实现知识累积的关键所在。同样的条件，不同学生会有不同反应，这便意味着差异行为的发生。导致这一现象出现的原因可以归纳为三种。

一、学生因素

每个学生都具有属于自己的学习认知及行为习惯。在小学语文学习过程中，有的学生可以明确自己的学习动机，知道为什么要学习，能树立正确的学习概念。但是有些学生面对学习，处于非常茫然的状态。他们并不清楚自己为什么要学习，没有建立明确的学习目标，在学习过程中无法做到自我约束。此外，小学生的个性非常鲜明，当他们的学习需求或校园生活需求没有得到满足时，就会有各类情绪产生。有些学生情绪较为低落甚至对学校、老师产生厌恶情绪；有些学生则能坦然面对。学生所产生的情绪同样也会对学习产生深远影响，使学生在学习中出现不同的行为。

学生因素是造成学生差异的根源，这是由多种因素综合产生的，并不是单纯的学生自我思维造成的结果，其可能涉及认知、环境等因素。学生自身因素造成的差异可以通过采取一系列的教学手段进行缩减，以尽量减少不同学生之间的差距，但是不能从根本上消除。虽然学生因素造成了不同学生之间的差异，但是随着学生不断学习，其学习习惯与方法逐渐占据主导地位，成为造成学生之间差异的关键内容。先天的智商、认知能力是无法改变的，这是每一个学生从一开始就具备的属性。学生学习能力的差异与其思维能力和自控能力关系紧密。部分学生没有认识到学习的重要性，在日常学习中偷懒、拖拉，追求一时的轻松与愉悦；另一部分学生虽然认识到了学习的重要性，但是其自控能力差，并不能要求自己按照老师的有关标准进行学习。后者相较于前者由自身因素造成的学生之间的差异更明显。前者在认识到学习的重要性之后，可能改变对学习的态度，控制自己，在短时间内实现学习水平的提升。

二、教师因素

教师的个人素养也会导致学生学习的差异，主要包括教师在教学活动中的态度和方式。此外，教师的教学作风也非常重要。如果教师在教学中较为民主，给予学生足够的尊重，那么学生大多会对课程的学习较为主动。通过认知理论我们知道，教师要想保证教学活动具有良好效果，就需要对学生的认知结构做充分了解。但现实情况是部分教师的教学设计欠缺对学生已有知识差异的了解，导致教学设计出现偏差，进而扩大了学生在语文学习上的差异。

教师对学生有着重要的指导作用，如果教师本身素质不高，就无法对学生进行有效的引导，也有可能造成学生之间的差异。由于不同学生之间本身具有一定的差异，如果教师素质无法满足教学需求，随着时间的推移，学生这种差异有可能被放大，给教师的教学带来较大的难度。教师的素质问题主要体现在两个方面。首先，教师自身知识水平存在问题。部分教师由于所掌握的知识面窄，对整体的知识体系认知不清楚，无法构建正确的教学体系，造成学生在学习过程中存在一定的茫然性，使得学生无法在教师的引导下建立属于自己的知识架构。其次，教师对学生分析不透彻，无法快速了解学生的实际情况，仅凭臆断对课堂知识内容进行确定，造成讲课过程与学生学习水平的不匹配，造成课堂知识安排失当。学生在学习时难以跟随教师的思路理解学习内容，长此以往使得某些学生难以提升课堂学习效率，造成学生学习能力与学习水平的下降，与其他学生产生较大的语文学习差异。

三、家庭以及环境因素

家庭是孩子最重要的启蒙场所，孩子所接受的家庭教育不同必然会对知识、文化等有不同理解，对新鲜事物的接受能力也各不相同。此外，学生的学习活动大多是在一定的情境中展开的，在他人的帮助下实现知识体系的构建，进而获得新的知识或者技能。由此得知，学生所处的环境差异会直接造成学习情况的差异。当学生全部处于不同的环境中时，他们所受环境的影响程度相差较大，因此出现了较为明显的个体差异。

学生所处的家庭环境不同导致其面对事物时的心理状态存在差异，这种心理状态的差异会反映在学习习惯以及面对问题时的解决态度上。有一些家长会给孩子安排一些补习班，这些补习班对其最终的差异也会有一定的影响。如果家庭之中父母均是高学历，那么孩子在其熏陶下也会对学习产生浓厚的兴趣，加之家长的教育理念先进、知识储备齐全，能够帮助孩子快速理解有关知识。如果家庭之中父母长期忽视孩子的学习，就会导致孩子在面对学习时缺乏自主性，不知道从何入手进行学习。如果家庭之中父母长期存在矛盾或者有离异情况，学生在这种环境之下成长，注意力涣散，会使其在学习过程中分心，不利于其学习。如果家庭之中父母对孩子过分溺爱，则有可能导致学生自理能力差，在面对困难时不能坚强面对。这种学生在学习过程中遇到困难容易产生畏惧和退缩的心理，不利于其创新性思维的开发。不同学生之间家庭和环境因素虽然是后天产生的，但是对学生造成的影响巨大，是学生奠定学习基调、学习状态的基本参照。家庭因素是造成学生学习差异的原因之一，这也是最主要的后天影响要素。因此，教师要想提升学生的学习成绩，需要充分了解学生的生活背景，有针对性地进行调整，必要时还需要与家长沟通，共同制订学生学习优化策略。

寻找学生差异的方法

作为小学语文教师需要重视学生之间的个性化差异，那么教师要怎样做才能找出学生的差异呢?

一、教师要学会交流

教师应当在学生中充当一个“博爱者”，将爱传递给每个学生。教师在教学实践中要学会与学生相处，真正关心体贴学生，这样学生才愿意与教师进行思想交流，并将自己最真实的感受告知教师。通过交流，教师能够直观地了解每个学生的个性特点，找到学生在学习中存在的短板，了解学生在语文学习中存在的差异。

二、教师要学会观察

课堂上有的学生会走神、注意力不集中，这是学生学习中常有的问题。但这些学生可能具有较好的发散性思维，在教学过程中教师可以进行相关引导。教师通过生活以及教学中的细致观察能够发现每个学生的学习特点，进而分析出学生之间的差异，为差异性教学的开展提供保障。

教师在观察过程中需要充分考虑学生生活背景、学习习惯、性格品性等方面的特点。教师在观察过程中，首先，要注意学生学习时的主要状态，这种状态是指学生面对知识时的理解程度，接受知识和解决问题时的主动性。这些是判断一个学生理解与认知能力的基本方法，是找出学生差异的主要方式。然而这种判断是掺杂教师个人色彩的主观判断，有时可能存在一定的偏差，无法对学生的能力进行精确的判断。此外，这种方式只是针对学生学习知识进行的观察，并没有将学生其他能力涵盖其中，也没有包括学生的学习方法、习惯等内容。其次，要关注学生的心理活动。小学阶段学生思维较为单一，因此其心理活动一般也相对简单。学生的心理活动驱动着各种行为，这些行为的表现形式就是差异性的表现形式。因此教师需要通过学生的行为举止、言谈内容观察其内心活动，判断其学习状态，这对了解一定时期内学生的学习水平有着非常重要的意义。语文教学涉及的知识面广、内容零散，如果不能够及时掌握学生心理，有可能造成学生学习的厌烦心理。最后，教师需要观察学生的家庭情况。由于家庭和所处环境会对学生的学习状态造成较大的影响，为了减少来自家庭方面的干扰，有必要对学生的家庭环境进行观察，发现其中存在的对于学生学习的不利方面。只有这样才能够在条件允许的情况下，与家长同时努力，减少学生的学习干扰因素。通过这三部分的接连使用，能够全方位地了解学生的现状，为分析差异提供重要的参考依据，并为制订有效的差异教学策略指明方向。

三、教师要学会展开科学的测验

通过测验能够让教师非常直观地了解学生在学习上的个性特征。在测验的设置上教师不应局限于纸质考试，而应综合对学生进行评定，如结合听、说、读、写四个方面。例如，教师可以将课外古诗写在黑板上让学生计时背诵，从而了解学生的记忆能力。教师还可以将课外文章拿给学生让学生有感情地朗读，进而了解学生的语言感知能力。教师通过不同类型的测试能够掌握每个学生在语文学习上的优势以及劣势，有助于在未来教学活动中展开个性化教学。

掌握学生不同方面的水平，对于制订个性化的教学方案有着非常重要的作用。除了考试，教师还可以采用其他与语文水平相关的测验方式。对于一些能够量化的内容，应进行科学量化，进而保证对学生进行综合性判断；对于一部分不能够量化的指标，需要采取模糊评价的方式，必要时还可以采取多学科教师共同评价的形式对某一学生的能力进行评估。虽然这种形式存在着科目间的差异，但是这样能够减少因教师主观因素而造成的测验评价偏差。教师对学生进行测验的时候，要注意方法的适应性，需要准备多种测验方法对学生的基本语文水平进行测试。测试要注意包括最主要的语文学习关键能力考查，确保测试结果能够真实有效地反映学生的综合学习能力。不能够以某一次的测试为标准，也不能以某一时间段的测试为参照，需要对学生进行周期性的测验，了解学生当前阶段的实际学习状况，为进行有针对性的教学提供参考。

四、教师要学会从家长身上借力

家庭是学生成长的主要场所，学生在家庭中的表现是最为真实的，教师与家长的交流能够从小事上了解学生的个性特点，把握学生之间的差异。例如，在家里喜欢照顾小动物的学生大多耐性较好，在语文学习中会充满耐心。有些学生在生活中就有着天马行空的想象力，他们在语文学习中大多具有良好的发散性思维。教师对学生差异的了解需要适当借力家长。在家长的帮助下教师能更准确地把握学生个性特点，进而分析找出学生间的个性化差异，在语文教学中加以实践运用。

面对差异引发的思考

就小学语文教学而言，教师务必尊重学生的个体差异，因材施教。对于知识接受能力较强的学生，在完成既定课堂教学任务之后，教师还应当注重对他们进行语文方面的特长培养。有些教师对学生的差异存在错误的认知，认为这一差异应当消除，让学生都按照同样的方法以同样的进度完成语文学习。这是与学生发展客观规律相违背的做法，不利于教学活动的有效开展。针对学生存在的差异，教师需要对差异化教学进行深入思考，探索出差异教学的关键点。在教学实践中，教师需要对差异教学所取得的成果进行定期检验，讨论差异教学的有效性。在对教学效果进行检验时，教师需要从多个方面对学生进行考核，包括学生对语文学习的兴趣、学生语文思维能力的发展、学生对知识的接受能力、学生学习层面的个性化发展，等等。此外，教师在差异教学实践的过程中还需要不断增强自身认识，不断深入分析学生在语文学习中存在的差异，不断调整差异化教学，使其更适于学生语文素养的培养提升。

教师需要在语文教学实践的过程中对差异化教学的重要性进行思考分析，对所教学生的个性特征有充分了解。有些学生反应能力相对较差，教师需要给予这些学生更多鼓励，促进学生思维的发展，让每个学生都能积极主动地思考问题，并勇于将自己的想法表达出来。对于学习能力较强但是学习态度存在问题的学生，教师应当提高练习难度，让学生做到精益求精，端正学习态度。有些学生在语言表达上存在困难，这就需要教师给他们更多引导，帮助他们梳理自身思维，为他们搭建更多表达自己的舞台，让学生的勇气和语言表达能力获得提升。

值得广大教师注意的是，小学语文差异化教学的开展是将学生的初始能力作为基础，尊重学生能力层面的差异，而教学的根本宗旨在于让每个学生都能突破自我，实现能力的发展和提升。教师率先思考学生的差异性能够为教学注入更加新鲜有效的动力，提升小学语文教学的计划性，使教学活动更为统一，进一步增强教师教学过程中的制度性，减少随意、无效教学的发生。此外，教师在对学生的差异性进行分析时应当增加与其他学科教师的交流，通过相互补充，发挥教师团队的力量，打破教学活动中课程之间的壁垒，增强针对学生差异的联合教学，创新教学模式。在此过程中经验不足的教师要向经验丰富的教师学习教学经验，实现自身对学生差异性的深度分析，有效提升教学质量，实现学生在语文综合素养上的不断发展。

第三章

差异教学：尊重学生语文学习的需求

拟定不同的学习目标

学生的差异是真实而客观存在的，因而教师在教学中应当充分考虑不同学生不同的学习需求。而学习活动的开展都需要有明确的目标作为驱使，正确目标的引导可以较大幅度提升学生学习的有效性。通过适当教学目标的设置能够展现学生在学习需求上的差异。传统模式下的小学语文教学大多是通过对班级内学生语文平均水平进行测算来完成教学目标的。完全一致的教学目标在教学实践中导致能力较强的学生学习动力不足，觉得语文学习毫无乐趣；而学习能力较弱的学生会产生恐惧、疲倦等消极心理，影响语文学习的进行。

差异性学习目标的制定对学生语文学习活动的开展具有积极的意义。差异性学习目标可以有针对性地提升学生的学习水平。在制订不同的学习目标时，教师需要充分考虑学生的水平，辅以科学的教学计划，有针对性地补充学生有缺陷的知识。对于一些成绩比较差的学生要及时对其存在缺陷的知识内容进行提前补充，降低其学习的难度，这有利于提升学生的学习自信心，也有助于学生培养自主学习的良好习惯。对于一些学习成绩比较好的学生，教师不但要制订所有学生统一的学习目标，还需要对这部分学生进行拓展式的训练，采取模糊目标的形式，让这部分学生自主地去探索一些课外知识。这些课外知识可以不确定明确的目标，但最终目的是让学生自主地对课本之外的知识进行探索，丰富其知识体系，拓展其知识的广度与深度。进行目标式教学之前需要对学生的水平进行层次上的区分。在区分过程中，除了要考虑学生的语文成绩，还要综合其日常的表现、其他学科的学习水平，综合地对学生进行分组，尤其是一部分其他学科成绩非常优异，但是语文水平较差的学生。教师教学的过程中，在保证最终学习效果的同时，需要将每个层次的学生数量加大，减少分层的种类，提高教学效率。

如在教学《海伦·凯勒》一课时，对于不同学生的学习需求教师应当给予充分的考虑。

在本篇文章中作者通过两个片段的描写来表现海伦·凯勒所具有的顽强精神，针对这一内容教师可以制订不同学生的学习目标。对语文基础较薄弱的学生，要为他们设置较为简单的目标，包括正确流畅地朗读文章，保证朗读过程中吐字清晰；对于语文基础较好的学生，应当设置难度相对较高的目标，让其在保证流畅朗读文章的基础上融入情感的表达，做到有感情地朗读。除了在文章朗读上要设置差异性的学习目标，还需要在文章理解上重视分层目标的设置。首先，是初级目标。学生需要通过文章的阅读了解海伦·凯勒的基本人格特点，掌握其不屈不挠的品质，并从文中找出作者是通过哪几个方面的描写来塑造海伦·凯勒的形象的。其次，是中级目标。学生在阅读文章的过程中不仅要了解主人公的特点，还要重视文章词句的分析，揣摩其中的关键语句，分析这些语句对人物形象塑造所起的作用。最后，是高级目标。学生要通过文章的学习对作者所运用的描写方法进行学习，并将其应用在自己的文章写作中，实现阅读与写作的双向促进。

教学过程中，除了让学生学习一些语文知识，还需要让学生理解和体会文章之中表现出来的意义。因此在保证学生流畅朗读、学习语文知识的同时还需要对海伦·凯勒的精神进行教学。可以让学生从自己的实际生活中找出类似的具备坚韧不拔性格的人，他们不一定要像海伦·凯勒那样身残志坚，但一定要有面对困难不屈不挠的精神。通过向身边的人学习，学生能够增进对课文之中作者表达的精神的理解，形成积极向上的心态。在理解了作者所要表达的意思之后，学生对文章结构和写作手法的理解就会更加容易。此外，这也有助于增加学生对语文的学习兴趣，提升其对语文学习的主动性和积极性。

层次化、目标化的教学是一种较为先进的教学方法，其主要通过对学生的学习水平进行分层，针对不同层面的学生进行有效的教学。这种教学模式是新课标下，教师所应采取的教学手段，对教师掌握不同学生的具体学习水平有着非常明显的帮助作用，也有助于学生在学习过程中解决与自身水平接近的问题，可以逐步提升学生的学习水平，是一种先进的教学模式。

在小学语文教学中教师设置分层学习目标有助于差异性教学的开展，这与教育学中的“因材施教”原则相统一，既能够让教学活动具有分明的层次，同时又保证了教学活动的整体性。在教学目标的设置上要保证层层递进，不同目标之间要具有紧密的关联性。分层目标的设置还能够给予学生明确的学习导向，鼓励学生不断前进。为了将这种教学模式有效地运用在小学语文教学之中，需要制订一套完整的学习水平评价体系。这种体系的主要作用是增强分层次教学的科学性，能够帮助学生对其自身有一个清晰的定位。在这种定位的辅助之下，无论是教师还是学生都能够确定自身存在的具体问题；在补充知识时，无论是教师还是学生都能够保证高效率。小学语文的评价体系相对较为简单，其主要包括语文基础水平、语言表达能力、语文理解能力等。这些在一定程度上均是可以量化的指标。通过对不同指标进行权重赋值，能够帮助教师快速定位学生所处的不同层级，进而针对其特点制订出有效的教学策略。需要注意的是，评价本身带有一定的主观性，因此在进行评价时还需要考虑学生的理解能力、智商等因素，不能单纯地通过不同考试的成绩来进行判定，但通过这种方法能够有效地提升评价的科学性。

教师在教学中设置的初级目标是教学活动的基本任务，需要保证班级内每名学生都能顺利完成；高级目标的设置是为了鼓励学生展开探究性学习，给学生更强的学习动力，让语文基础水平较高的学生能通过课堂学习得到进步。在平时教学中教师应依据学生现有水平选择适宜的学习目标，这样能够确保不同层次的学生都能在课堂中学有所得，以此实现班内学生语文素养的全面提升。

采用不同的教学方法

不同学生之间的个体差异较大，尤其是在生长环境、理解能力水平方面有很大差异。不同学生在学习语文知识时，无论是接受知识的速度还是学习的程度均有所不同，这是不同个体之间存在差异的正常情况，是无法避免的。如果教师不能认识到不同个体之间的差异，极有可能使一部分学生不能跟上学习速度，造成学习水平的下降，长期来看，可能造成学生逐渐丧失对语文的学习兴趣，造成其语文学科的缺陷。这种缺陷一旦形成，需要付出更多的努力才能将其弥补。虽然现阶段学生的差异在逐步缩小，教学教材的科学性也在不断提升，但是这种差异从根本上是无法消除的。而且不重视差异性的存在，其造成的后果较为严重，尤其是在学生产生心理负担之后，更是难以提升其语文学习成绩。一旦“我语文学习不行”的心态形成，学生就会形成消极的学习心态，降低学习主动性，不利于其语文水平的综合发展。小学语文是学生学习语文知识的起点，不仅关系后期的语文学习，也会对其他学科的学习产生一定的影响，如在做数学应用题时，无法充分理解应用题中题干的意思。

在传统教学模式中，教师并没有重视学生的个性化发展，将教学活动与学生的实际情况相分离，照本宣科，不将学生学习需求纳入教学活动中，这就导致学生在学习过程中存在知识学习不深入，或教学内容难以激发学生求知欲的问题，使学生主动学习的意图受到严重制约，阻碍学生能力的提升。所以，小学语文教师要想实现学生的个性化发展，需要认可并尊重学生之间的差异，通过教学活动的开展，既教授学生知识也教学生学习的能力。在教学实践中教师需要对学情进行深入分析，并将其作为教学开展的基础，及时纠正自己在教学活动中存在的问题。教师在认识学生之间的差异时，需要充分地考虑这种差异形成的原因。通过教学的方法来弥补学生的学习差异固然重要，但是如果存在由于教师原因造成的学生学习水平的差异，教师需要及时发现自己的问题，改善教学中的弊端，避免这种弊端再次扩大。在此基础上，教师再进行差异化的教学。教师进行差异性教学模式改良时，需要从两个方面出发：一方面解决现有的教学弊端，让每个学生都能够听得懂、学得会；另一方面找到自己教学的误区，以减少这种误区对于学生造成的影响。同时采取这两种方式，不但能够减少教师因自身问题对学生的影响，也能够有效地提高学生的学习效率。

例如，在学习文章《秦兵马俑》时，教师可以将多媒体技术运用于教学中，将秦兵马俑的图片展示给学生，让学生自由欣赏。在学生观赏之后教师可以向学生提出这样的引导性问题："大家通过观察图片发现秦兵马俑的哪些特点了呢？"学生大多回答种类繁多、规模宏伟、具有鲜明的个性。教师可以接着提出问题：在我们发现的兵马俑特点中你对哪一个最感兴趣呢？在此基础上教师就可以展开差异性教学，通过引导，实现学生的自主探究。精讲文章时，教师可以先让学生对文章进行独立的自主阅读，并画出表现兵马俑特点的词句。在此过程中教师还需要将相关问题板书在黑板上以供学生在阅读中进行思考。例如，文章中哪些词语或句子具有品味的价值？通过对文章的阅读能够学到什么写作方法？在理解文章上你认为的难点有哪些？这类开放性问题的提出能够实现语文课堂的个性化教学，学生能够通过自主学习找到自己学习的难点，教师也可以在这个过程中进一步有针对性地助力学生进行个性化学习。课堂本应该属于学生，而教师是学生学习过程中的帮助者。教师在教学时需要将课堂的主体设定为学生，时刻以此为中心进行教学过程的设计。在本课教学过程中，可以让学生在得出问题之后，带着这些问题进行学习，带着疑惑听课，在听课过程中获得自己的解惑点，并在教师的帮助下进行知识内容拓展。在教学构成之中教师应该注意学生知识体系的完善性，在学生没有将全部问题提出来时，需要教师对其进行补充，综合不同学生提出的问题，让所有学生带着能够覆盖所有知识点的疑问进行学习，教师要有针对性地进行强调。在学生自主提问时，对于一些提出非常关键的知识重点、难点的学生，要及时予以表扬。这种覆盖全部学习体系的问题学习方法，有助于提升学生面对深奥知识时的理解力，帮助学生迅速抓住重点。这对学生学习知识非常重要，有利于其及时抓住知识的重点。

小学生生活经验缺乏、理解力较差，教师在进行教学时，如果参照自己的生活经验，极有可能造成学生在听课时对部分知识的迷惑，极易造成学生学习时对知识一知半解，不利于学生对知识进行深入的拓展，在一定程度上增加了学生学习的难度，使学生降低对语文的学习兴趣，不利于对学生综合素质的培养。

在日常的小学语文教学中，教师应当从学生的兴趣、习惯、能力等方面出发，对教学思路进行积极有效的创新，根据学生实际情况灵活调整教学顺序，并重视在教学过程中引导学生展开自主探索。学生生活背景、成长经历的差异造就了他们不同的审美观念，使其表现出不同的语文基础以及文章阅读能力。正是这些差异的存在，导致学生在阅读文章时切入的角度不同，从而得到各不相同的学习收获，并提出形形色色的问题。由此可知，教师因材施教具有非常重要的意义。在教学中教师要尊重学生的学习思路，让学生成为教学活动的中心，按照学生的思路来科学调整教学顺序，确保学生在学习中的主体地位。差异性教学的开展是对学生的尊重，是教师服务精神的具体表现。通过差异性教学的开展能够更有效地促进学生持续发展，普遍提升学生语文的综合素养。

教师助学策略不同

在小学语文教学活动中教师应当充分发挥自己的助学作用，在课堂教学中有意识地让步于学生，使学生处于课堂的主体地位。这就要改变传统教学活动中将“教”作为中心的教学模式，转而将学生的“学”放在了核心位置。在此过程中教师所要完成的就是助学工作。教师如果能够运用最有效的助学策略就能够对学生起到积极的穿针引线作用，启发学生独立发现问题，并通过自主探索解决问题，让学生能够在学习的过程中对教学内容产生更为深刻的感悟，实现提升学生语文素养的目的。

助学将课堂交给学生，与其他教学策略有所不同，重点在于将学生的主观能动性充分发挥出来，教师在其中所起到的作用是引导、解惑。助学策略要遵循五个基本原则。

一、保证学生学习的主观能动性

学生的主观能动性是保证其语文学习水平的基本内容，学生只有充分发挥主观能动性，才能够发自内心地喜欢学习语文。这种主观能动性的激发需要教师采取因人而异的助学策略，一方面强化学生对学习语文的热情；另一方面引导学生有一个正确的学习观，认识到学习的重要性。语文学习本身是一个长期积累、不断拓展的过程，课堂上能够讲解的知识只是其整个知识体系的一小部分，学生只有主动地学习，不断地探索新的知识，才能够从根本上提升学习水平。

二、降低学生学习的难度

学生在学习过程中，由于缺乏一定的学习经验，存在无法快速掌握学习技巧的情况。这种情况下，教师需要进行合理的引导，降低学生学习的难度，尤其是在学习的技巧和课外知识的拓展上，教师需要进行大量引导性质的工作。

虽然需要将课堂还给学生，但并不是让学生完全自主学习。在面对不同的学习内容时，教师可以引导学生提出知识的难点和重点，这样有助于学生发现知识的重点，减少学生在信息甄别过程中耗费的时间，提升其信息甄别能力。在课外知识补充方面，需要教师对课堂的延伸内容进行指定，以减少学生选择书籍的时间，提升课外知识的补充效率。

三、提高学生课堂参与度

学生充分地参与课堂活动，才能够对所学知识感兴趣并记忆深刻。在教学时，教师需要充分利用课本上的内容，构建教学场景，让学生能够亲身参与或体会文章中的内涵，理解文章的主旨。提高学生的课堂参与度，是将课堂还给学生的重要体现，只有这样，才能够增强学生对于语文学科的兴趣。

四、优化学生的学习思维

学生学习的逻辑性对于其学习水平的提高至关重要，因此优化学生的学习思维，不断地完善其思维逻辑，能够有效地提升学生的学习效率。部分学生在学习过程中不用逻辑思维解决问题，一味地等待教师讲解，将问题留给教师。这种方式虽然最终也能够获取等量的知识，但是并不能提升学生自身的学习能力。因此，在评定学生的学习性思维时，不能完全按照学生的学习成绩，需要综合学生对学习的主动性。

五、提升学生的综合语文水平

将课堂还给学生需要重视学生综合语文水平的提升。有些学生在学习过程中容易出现避重就轻的情况。这种情况的出现会使得学生在面对问题时，只解决其中一部分问题。例如，某学生喜欢写字，将课堂还给学生之后，极有可能造成该学生不再对语文其他知识感兴趣，而只学习写字，从而造成了能力偏斜，这种情况的存在极大地限制了学生语文综合水平的提升，无法真正地提升学生的学习兴趣，容易造成其主观性的降低。

在小学语文教学中，教师的助学需要从以下几方面入手：

首先，教师要对学生的学习进行个性化指导，帮助学生发现适用于自己的学习方法。这就需要教师对学生学习能力的差异有充分的了解，从而实现个性化的学习指导。例如，在学习文章《二泉映月》时，学生需要完成的相关学习内容包括识记生字词、有感情地朗读课文、背诵相关语段、把握课文中心思想。由于客观差异的存在，学生各有自己的“长短板”。有些学生记忆力较强，对生字的学习以及语段的背诵轻而易举就能完成，但是在文章理解上存在较大困难。这就需要教师在文章理解上给予这部分学生更多帮助，让他们学会阅读理解文章的正确方式，从而实现语文能力的提升。部分学生思维相对活跃，只需要阅读一两遍文章就能够总结出中心思想，但是他们的耐心与细心不足，在生字学习上存在问题，常常出现写错字、读错音等问题。对于这部分学生教师需要重点培养他们的耐心，让他们能够在学习上更细心，从而实现学习效率的提升。

其次，教师应当根据学生能力层次的不同设置相应的习题。教师布置练习题同样属于有效的助学策略。教师在了解学生语文学习中存在的差异之后，就可以设计更具有针对性的练习题目。这里的针对性应当包括两个层面：第一，对学生语文学习薄弱环节的强化；第二，对学生语文学习优势的进一步提高。其中强化薄弱环节能够助力学生语文综合能力的提升，而优势的提高能够促进学生的个性化发展。例如，古诗词学习对有些学生来说很难，因为他们难以理解、把握诗中的意境，教师在练习题目的设计上就可以挑选一些难度相对较低的古诗词让学生做课后练习。还可以让学生多次诵读，感悟诗词意境，强化学生的薄弱环节。有些学生具有较强的语言天赋，教师就可以让这部分学生在课外时间做一些朗读练习，将学生本身的天赋转化为兴趣爱好，让学生的优势得到生长发挥。由此可知，教师针对学生所具有的差异运用不同的助学策略能够让学生的学习效率得到显著提升，让教师的助学活动发挥真正作用，实现学生在语文学习中的个性化发展。

最后，教师在助学过程中，除了要保证将课堂还给学生，还需要引导学生对整个课堂知识内容的构建。虽然在课堂教学中教师的主要任务是助学，但是教师还需要对自己有清晰的定位，即课堂的管理者与引导者。因此，课堂氛围不能够在学生的讨论中杂乱，也不能够因某一问题的讨论而占据大量的时间，更不能让学生因为一些可有可无的内容进行无休止的争论。综上可以得出，将课堂还给学生只是把在学习过程中的课堂时间还给学生，无论是课堂知识构建的引导还是课堂氛围的管理，教师都要进行绝对的把控，使课堂杂而不乱、深而不偏。

学生展学与互学不同

互学与展学是小学语文教学中非常重要的环节，互学就是小组开展合作学习。学生在这样的学习方式中能够充分挖掘自身的优势，并通过与小组成员的交流激活自身思维，实现学生之间的共同进步。展学就是学生学习成果的展示。学生在展示交流的过程中能够更为清晰地了解自己在语文学习上的优势与劣势，达成共识。学生在互学与展学的过程中所表现的差异更为明显，教师在对学生进行引导时需要采取不同的引导策略，重视差异性教学的运用。

互学与展学对于优化学生的学习能力有着非常重要的作用，是还课堂于学生、激发学生主动学习的有力措施。学生互学过程主要以小组内的学习为主，学生通过对某一知识点的共同学习与理解，能够有效地拓展探索的思路。如果教师进行引导式的教学，学生只能从教师自身的水平和生活经验出发，因此部分学生会对教师的学习方法与策略无法适应。但是学生之间的学习经验差距较小，学生之间的互相学习对学生有着更高的参考价值。此外，一些语文知识晦涩难懂，尤其是古诗部分，学生在进行知识学习或者拓展的过程中，可能无法在有限的课堂时间内完成，造成知识体系不完整。虽然教师也能够进行一定程度的补充，但是只能针对大部分学生进行讲解，一部分学生会对所学知识难以理解。将知识难点与重点进行小组化的分解，根据学生的学习水平，将资料的整理等学习任务分摊给不同的学生，有助于知识体系的快速搭建。小组内互相讲解的方式，可帮助学生从多个角度快速掌握需要学习的知识。如果某一学生的学习整理内容不完善，就有可能造成整个学习小组的内容不完善，这会对整个小组造成影响。因此，这种组内互助的学习方式，还有助于学生提升其责任心。

展学过程是对学生所学内容的展示，也是进行互学与主动式学习的最终引导方式。由于小学生都存在表现自我的心态，增设展学过程能够将学生学习的主观能动性充分发掘出来。因展学过程涉及集体荣誉，小组内成员在学习时会主动增加学习量。通过不同小组竞争的形式，可以有效提升学生学习的主观能动性。展学是为了发现学生的问题、展示学生的问题，有助于不同学习小组间的学习，也有助于学生快速掌握不同小组存在的问题。该模式与正交实验法类似，有助于寻找最佳的学习小组，并总结整理最佳学习小组的学习经验、团队合作经验，培养学生除了语文学习能力之外的团队协作能力、互助能力。但是需要注意的是，小学生理性思维不完善，因此应该避免因小组间进行学习竞争而使同学间产生隔阂。这就需要教师进行正确的引导，让学生正确认识采用这种学习模式的主要目的。

在语文教学过程中，完全依靠教师的力量无法保证差异性教学的有效实施，学生在学习中的特殊要求无法依靠教师一人来满足。在实践中教师要学会对学生的差异加以利用，适时地开展小组合作学习以及伙伴教学，弥补学生自主探索学习存在的缺陷，更好地关注学生学习的差异性。在进行小组合作学习时，学生之间能够实现相互引导和启发，思维也能相互交织，使思维盲区得以补充。因此，教师应当重视备课过程中对教学内容的分析，确定互助学习所要完成的既定任务，并合理设置小组合作学习。在实践中教师可以将朗读作为小组合作学习的内容。在传统的语文教学中学生很少能够接受朗读训练，这就使得很多学生在完成文章的学习后仍然无法有感情地朗读文章。教师在引导学生开展合作学习的过程中，可请学生朗读文章，在此过程中让学生将文章阅读通顺（既可以分角色朗读也可以分段落朗读）。有些学生对大声朗读文章具有抵触心理，害怕阅读中出现错误，小组合作学习的开展能够帮助学生解决这一问题，增强不同层次学生语文学习的信心，实现能力的提升。

为了保证小组学习的最终质量，教师需要对其进行充分的辅助，除了要帮助学生进行小组学习内容的确定，还需要根据学生不同的学习水平，对其学习任务进行一定的分配指导，帮助小组快速有效地分配学习内容。小组内的学生可能对其分配部分的理解存在一定的困难，在小组内无法解决的情况下，教师需要进行及时的辅助，帮助学生建立学习、探索的信心。在小组对其知识内容进行展示之前，教师不应该对其展示内容进行过多的指导，避免出现所展示内容均为完善内容的情况出现。教师需要在展示过程中让不同小组的学生发现其他小组存在的问题，并根据这些问题进行自我审视。这种试错过程能够让出现错误的小组成员记忆深刻，对这些错误的理解更加深入，避免以后此类问题的反复出现。同进，也会使学生在展示学习内容之前进行周密的考虑，减少了错误发生的概率。

学生在展学过程中对自己的学习成果进行公开讲解，对不同的学生来说收获也会存在一定的差异。在讲解的过程中教师可以发现学生在学习中存在的漏洞，并对学生展开有针对性的教学。此外，学生在展学过程中还能够学习他人的学习成果，在与自身进行对照的过程中实现自我完善，让语文学习更有成效，并实现自身特长的发挥。

第四章

差异教学：关注学生语文学习的落差

让语文的学习看得见

从思维角度看，语文学习就是对语言文字所传达的信息进行积极的探索、搜寻与研究。让学生真切经历学习的过程，深刻感受思维的跋涉，这是语文深度学习重要的表征。因此，教师教学的一大重要目的就是让学生看得见自身的学习，从而让学生更加清晰地体会学习思维如何由浅入深。

一、看得见思考的原点

语文教学的主要任务“语言的建构与运用”与伴生性任务之一的“思维的发展和提升”是密不可分的，学生思维的发展能够促进学生语言的建构和运用。教师要拥有自觉培养学生思维能力的强烈意识，尊重学生的认知规律，呵护学生的好奇心和求知欲，寓思维能力的培养于听、说、读、写的训练之中，从而逐渐改变学生粗浅的语文思维习惯，促进学生学习思维走向纵深。教师要尽量减少课堂提问，给予学生充分的思考时间，并从学生阅读的过程中生成学生感兴趣的、有可能激发学生独特体验的、覆盖面宽的主干性问题。思维目的来源于问题；思维过程，取决于思维目的。实际教学中，学生通过预习完成学习单或问学单，在阅读思考后提出真实、可探究的学科问题，教师根据学生提出的问题即学生的思考原点确定教学内容，以问启学，开启学生问学之旅。例如，我执教《少年王冕》一课，学生提出了66个问题。经过梳理，我确定把4个问题作为课堂研究的主问题，即王冕是个怎样的人？王冕说在学堂里闷得慌，他是不是不想读书了？第五自然段是否可以去掉？作者的写作用意是什么？这是思考的起点，也是学生学习中的困惑点、难点，应当成为教师教学中的着力点。

二、看得见思维的运作

学习一刻也离不开思维。著名特级教师孙双金校长提出：“激活学生的思维是最大的教学道德。”学生不能凭空学会思维，教师也不能强教给学生如何去思维。但教师可引导学生学会正确的思维方法。教学中，教师可以依据学生的思考原点，因势利导，通过启发、解答、拓展等方法助推学生的思维发展，让学生逐渐领会、学习如何推进思维，从而主动走向深度学习。《少年王冕》一课课始，学生通过朗读课文，很快就能读出王冕是个懂事、明理、好学、善解人意、孝顺的人。我引导学生品读课文，抓住关键的词语或句子，让学生通过抓住人物的语言、行动，揣摩人物的心理，深刻认识王冕的特点。小说的灵魂是描述，对人物的处境与内心进行理解才是品读的重点。这个过程，学生的思维是积极而活跃的，他们从习惯性的“分析概括”慢慢转变为“移情理解”，从“感性阅读”走向“知性阅读”。如此设计，教师才能看见课堂上学生思维的运作。当然，让学生思考，是让学生过脑、过心，在运用语言的同时提高学生思维的品质。

三、看得见思路的发展

学生的思维品质是不同的，教师要了解每一个学生的思维品质并加以引导，以拓展学生的学习思路。叶圣陶先生指出，语言与思维密切相关，语言说得好在于思维具有正确性。学生只有在学习中遇到困难和阻碍，在困惑中停顿下来细细思索，才会高瞻远瞩，探寻出新的思路。实际教学中，教师在学生的思维障碍处，进行巧妙的补充，设计精彩的辩论，可以促进学生的学习，将学生的学习思路打开并明晰，促进其深度学习。《少年王冕》一课，课中我让学生动笔联系“荷花是花中的君子”的范文，结合自己的理解当堂写一写“王冕是读书人中的君子……”课外，我让学生阅读《儒林外史》，再来改一改自己创作的这段话。学生因此对王冕的认识会更加深刻。教师设计的教学思路，实际上就是学生学习的思路。一切的参与、探究、分享，都是为了学生在学习活动中勤思、会思、善思、深思。发展学生思维的教学必须纠正片面重视知识的思维，利用已有知识和新知识的碰撞、融合，促进学生思维发展。教师不能把“结论”塞给学生，要让学生经历学的全过程。

四、看得见思想的提升

阅读思维的深处就是思想的提升——从具体文本走向抽象的审美之境。

阅读教学的目的就是要适时促进学生理解与感受，从低层次的阅读走向高层次的阅读，并通过指导让学生获得新的阅读方法，寻找选文写法上的妙方以及内容中的思想之美，让文本思想、言语全都走进学生的内心，在学生的心中留下一个人，一种精神，扎下一种根。例如，王崧舟老师执教《记承天寺夜游》之后，学生对苏轼其人的豁达有了新的认识，对活着的意义和真谛有了深入的思考。我在共生语文教学思想研讨会上执教《理想的风筝》，引导学生学习刘老师、苏叔阳，微笑面对人生，从容应对人生困难与挫折的乐观心态。教师引导学生感受语言的魅力，让课堂充满思维的碰撞和生命气息的流动，才能使语文的工具性与人文性得到很好的统一。“做人”与“做学”、“思维”与“语言”，正如“舞”与“舞者”，孰重孰轻，一切只是共生、共长而已。

（此文发表于2019年5月《教师论坛》）

改进日常语文阅读教学

利用“差异”成就“精彩”

——《最大的麦穗》教学片段与分析

随着学生在教学中的地位发生根本的转变，学生的个体差异日益受到重视。教师应当立足学生在智力因素、非智力因素、学习准备水平与学习需要等方面的个体差异，灵活确定语文课堂教学的一切环节，使学生的学习真实发生，并在原有的语文知识与能力、过程与方法、情感态度与价值观方面持续得到发展。教师在语文教学中要综合考虑学生的语文学习水平、学习兴趣、生活经验等方面的差异，提供恰当的学习内容和学习方式，指导学生在学习中运用适合自己的学习方式和方法，在原有生活经验和学习经验的基础上，自主建构自己的认知结构，从而在学习语文的过程中，有自己的收获，达到最佳的学习效果。笔者以《最大的麦穗》一课的三个片段教学为例，谈一谈如何利用学生差异，提升学与教的成效。

一、巧换角色：联系生活，畅谈理解

【片段回放1】

师：听了老师苏格拉底的要求，弟子们纷纷行动起来，去寻找最大的麦穗。请大家自由读一读课文，找一找他们是如何寻找麦穗的，结果如何？想一想，如果换作你，该怎样寻找那最大的麦穗？

（生自读课文，小组交流两个问题。然后，大组交流第二个问题。）

生1：我看弟子们都是忙忙碌碌到处寻找，而且总认为最大的麦穗还在后面，到后来却一无所获。如果是我，我会拿一个袋子，从起点开始，把认为较大的麦穗都摘下来放到袋子里，最后一比较，交给老师最大的一棵，这样我就

不会错失良机。

生2：我会先选择将一棵麦穗拿在手中，遇见更大的一穗再拿在手中，如此循环，始终保持手中留有一棵麦穗，这样走到麦地的尽头也不至于手中一棵麦穗也没有。

生3：我会在麦地里走两步停一下，像机器人似的“扫描”麦穗，摘下我满意的那一棵。就这样走走停停，快到麦地尽头的时候，选一选，再比较手中的麦穗，把最为满意的那一棵交给老师。

生4：我会仔细观察，寻找我认为最大的一棵。在行进过程中采用“S”形路线，在对比中不断选择。

生5：我会寻寻觅觅，看到较大的一棵就摘下来，不错过机会。

师：厉害了！同学们。你们真是智慧的人，远远地超越了古人！

分析与思考

“授人以鱼，不如授人以渔。”差异教学关注的是“教如何更好地为学服务”。教师教学的最终目的是帮助学生学会学习，掌握适合自己的学习方法。这么富有哲理的课文，仅仅让学生读读课文，圈点批注，找找答案，总结道理，是完全不够的。可以让学生联系课文，换位思考，让学生明白及时、科学选择麦穗的原因，从而真正理解机会就在身边，要不假思索地利用它，从而为下文懂得苏格拉底才是真正的教育家，拥有教育的“大智慧”做好铺垫。给学生一些问题，让他们去自我解决，寻求策略，可以培养学生的创造性思维，使学生在差异中发展、前行。

如何帮助不同生活经验、不同学习基础、不同学习习惯的学生在语文学习中都取得进步，都明确自己学习的目标，都了解自己，需要语文教师不断努力与探索。

二、由说到写：联系生活，强化理解

【片段回放2】

师：课文学到此，请同学们联系自己的学习、生活，谈一谈你对“追求应该是最大的，但把眼前的一穗拿在手中，这才是实实在在的”这句话的理解。请写下来，有话则长，无话则短。

（学生即兴创作，小组交流，每组选派一名代表汇报。）

生1：未来的我想做科学家，现在的我必须好好学习，否则一切都是空谈。理想很美好，必须付诸行动，才能实现我的理想。

生2：陈老师，我的理解是要把握好机遇，实实在在做好当下的事情，否则一事无成。有一次，书法老师建议我去考书法十级。我怕练字太辛苦，考级太难，就放弃了。后来，我身边的小伙伴通过勤学苦练，考级都获得了成功。我真是懊悔不已，觉得自己错过了时机。

生3：一个人要有远大的理想，更要珍惜现在，脚踏实地做好每一件事情。老师，记得小时候我有一个梦想，就是当著名的影视编剧。那时候，我天天幻想着，只是幻想着……学校组织大赛，我从不参加，失去了很多次机会。老师布置的作文，我也是草草了事，应付差事。现在我才明白，要想梦想成真、创作出好的剧本，要有真本事。我要好好学习，从写好每一篇作文，读好每一本书开始。“追求应该是最大的，但把眼前的一穗拿在手中，这才是实实在在的”这句话的意思，我已经深刻理解了！

生4：俗话说得好：“机不可失，时不再来。”我们要及时抓住机遇，无论机遇是大是小，都不能让它轻易溜掉。我记得有一个这样的故事。儒勒·凡尔纳在巴黎攻读法律，有一次不小心撞到了一位胖绅士。他赶忙道歉，并问对方是否吃过饭。胖胖的绅士告诉他已经吃过南特炒鸡蛋。凡尔纳告诉这位绅士，自己很擅长做这道菜，并愿意登门亲自为他做。凡尔纳后来才知道，这个胖绅士便是大仲马。在大仲马的支持下，儒勒·凡尔纳成为著名的作家。凡尔纳因为及时的道歉，竟然帮助自己抓住了难得的发展机遇。

生5：我是这么认为的，做人要有理想，并把它当作努力的方向。为了实现理想，为了有意义的生命，我们必须把握好眼前的机会。我的理想是和爸爸妈妈一样做一名医生，救死扶伤，为病人带来福音。我会努力的！

师：是呀！理想是远大的，但我们更要抓住机会，把握当下，这样才能实现远大的抱负与理想。老师期待你们的成功！

分析与思考

借事说理的文章，内容一读便知，揭示的道理也很容易理解。一个两千多年前故事，今天仍能启迪我们。此环节让学生联系现实来谈，具有普世的价值与意义。学生在讨论与交流中，既读懂了苏格拉底的言行，同时也变得更加聪慧，从而坚定了自己的理想、信念，踏实前行。没有空洞的说教，没有知识的灌输，却提升了学生的认识能力。好的教师能引导学生发现真理。给学生一点时间，让学生自己去思考，学生发展自我的目标将更加明晰，行走将更加坚定。教育不就是要让学生明白“未来的我是什么样子”的吗？差异化的表达，共性不变，那就是踏实做事，勇敢前行，目标专一。

差异化教学关怀每一个学生，让每一个学生按适合自己的特点去发展。我们必须研究学生的身心发展规律，承认学生的个体差异，珍视并培养他们的独特个性。

三、课内到课外：由易到难，深化理解

【片段回放3】

师：苏格拉底与孔子的教育有什么相似之处或者不同呢？同学们已经提前阅读了同册教材另一篇文章《孔子游春》，请对照已经多次诵读的《论语》和所搜集的苏格拉底的资料，谈一谈自己的理解。

生1：我发现，孔子与苏格拉底的相同点是都善于通过语言潜移默化地教导弟子，让他们有深刻的理解。教育学生要春风化雨，循循善诱。孔子的教学方法是“学生问”，苏格拉底的教学方法是“问学生”，虽然问的主体不同，但是都强调“问”的重要性。这两个人，一个在中国，一个在雅典，都是大教育家，他们的教育思想和教学方法都令我敬佩！

生2：我感觉他们都是让学生在实践中学习，做的是活的教育。他们不是让学生死读书，而是让学生在实践中学习，并学以致用。

生3：老师，我认为苏格拉底和孔子都很重视人文精神，关注人与社会。孔子注重“礼”，主张“爱人”，强调人的伦理道德，重视协调人与人之间的关系。苏格拉底崇尚人性自由，主张个性解放。这些都是我听妈妈说的。

生4：我发现他们的共同点都是在进行启发式教学，即以对话方式让学生慢

慢悟出道理。通过阅读《论语》与查找资料，我发现了他们的不同之处：孔子是交流引导，使学生自悟。苏格拉底则以问答法，通过观察实验，以逻辑推理的方法使学生明白。

生5：我想到《论语》中的一句话：不愤不启，不悱不发，举一隅不以三隅反，则不复也。这其实就是两人的共同点。他们两人都认为，学生要主动去学，逼迫没有意义，一味地告知也没有意义。老师要在关键的时刻点拨一下，让学生恍然大悟。他们两人不同之处是：孔子以推动为起点；苏格拉底追问学生，让学生无法回答问题，进而使学生感到学识不足，奋发向上。

师：这么难的问题你们都解答得这么好，出乎陈老师的预料。你们真会学习，能通过查找资料，请教他人，在对比阅读中融入自己独特的理解，不愧是学习的主人！正如苏格拉底所言，真正的智慧来自内心，而不是来自别人的传授。你们才是学习的主动者、探索者。最优秀的人是你们——在座的每一位！

分析与思考

“教材只是个例子”，教师要凭借教材促使学生进行深度学习，提升思维的品质。六年级的学生已经熟读《论语》，大部分学生已经能熟练背诵《论语》，了解孔子的诸多言论，懂得他独特的教育思想。让学生搜集资料，进行比较学习，可以给学生更广阔的学习空间；给他们多一些自我展示的机会，可以提高他们的思辨能力。要让学生经历学习的过程，教师要成为学生差异化学习的引导者。

“承认差异，利用差异，改进差异，优化差异，成就差异”应成为我们每一个教师的自觉行动。教师要针对学生的心理特点，根据教学内容和不同学习阶段的要求，选择适切的课程、教材与教学方法。

语文学习是学生生命成长历程中的一道风景，而“差异”这片风景更能引发学生去欣赏、去陶醉，教师要让学生感到语文课堂是一片乐土，并在心灵的唤醒与潜能的开发中，让学生热爱学习，学会生存，使这种对语文的盎然情趣和核心素养在日常生活乃至人生旅途中得以延伸！

（此文发表于2018年4月《教学月刊》）

由“给予内容”转为“素养提升”

——再教《黄河的主人》

七年前，我曾在港城一次大型的青蓝课程中执教《黄河的主人》（苏教版四年级语文下册）。今年，应邀参加镇江市实验小学第十四届“梦溪扬帆”教学节活动，再次执教本课。研读教材，再读课标，心系学生，教学设计发生很大变化，教学效果得以提升，主要体现在以下四个方面。

一、教学思路：由“理解内容”转向“研究写法”

【七年前】

关注如何引导学生将一篇课文学好。教学重点是引导学生理解课文内容，体会人物特点。我将主话题确立为“黄河的主人”是谁以及为什么说他是“黄河的主人”，让学生阅读、批注、交流。我带着学生走向教材，按部就班推进。学生按照我的思路去学习，主体地位没有真正地得到体现，课堂只是学生获取知识的殿堂。教师提问，学生回答，继而评价。没有质疑，思维求同。

【七年后】

我先播放连云港市著名的朗诵家汪帆诵读的《黄河的主人》，让学生欣赏。主话题确立为描写艄公仅百余字，有什么疑问？（写法上有没有问题？）我让学生围绕此话题提出问题，展开指向习作的阅读教学。“疑而能问，已得知识之半。”随后我将学生分成四个研究小组，分别从黄河、筏子、大家的表现、走向作家四个板块，展开阅读、讨论、写作、诵读等，让学生的思维处于积极思考状态，逐步摆脱对教师的依赖，独立自主地学习语文，学习本文衬托、借景抒情的写作方法。

二、课堂主体：由“教师强势”转向“关注每一个学生”

【七年前】

一节课，教师带着学生学习，完全是学生跟着老师阅读文本、寻找答案，没有学生提问、评价等真正自主的学习行为。“教的活动”有结构、相对完整，“环环相扣”，堪称“完美”。学生看到的都是答案，并未展示自己的思维过程，即便有思维的痕迹，凸显的也是教师的“教法”。

【七年后】

教的设计着眼于学生的学。我站在习作的角度指导学生阅读，让学生在读中学习精妙的语言、精巧的构思、精致的布局，学习表达运用。抓住关键词语让学生有感情地朗读课文，使学生得到文本的精髓，得到情感的调动，达到生本间的对话。学生“学的活动”丰富多样，讨论、交流、汇报成为课堂新态势。课堂更多的时间用来展示学生学习的过程，培养学生终身学习的愿望和能力。重视学生的“学”，这才是合理发展之路。

三、教学设计：由“多教”转向“多学”

【七年前】

教学的全过程由教师把控。黄河、羊皮筏子、乘客的表现、“我”的反应以及艄公高超的技艺等，每一个环节，尽在教师掌控之中。讲到黄河，黄河的视频立即出现，教师声情并茂地进行朗读；讲到筏子，图片展示，一问一答。学生配合到位，把课不断推向高潮。然而，这些仅仅体现了教师的精彩，学生只是配角。而真正的课堂，别样的精彩应当属于学生。

【七年后】

将整节课定位为“少教多学”，让学生经历学习过程，提升语文学科素养，使得学习真正发生。“少教”，即要精选教学内容，学生已经会的不教，学生能学会的不教，学生教了也不会的不教。让学生静下心来阅读、感悟、发现，让学生有充分的学习时间、多样的学习活动以及真实的学习收获。把阅读的过程真正落实为学生、教师、文本之间的“对话”过程，让学生在“对话”过程中学会“对话”，养成良好的“对话”品质。通过自学、合作，真正释疑。重点落实到学习本文衬托、写景抒情的写作方法上。

四、作业布置：由“简单”转向“适合”

【七年前】

把作业布置为阅读专著《黄河人》。后来细读发现这本书并不适合五年级学生阅读，难度略高。

【七年后】

把语文教学的核心定位为培养学生的思维能力和语言表达能力。让学生学习作家袁鹰的写作方法，为创作打底。将作业布置为推荐阅读作家袁鹰的诗歌《和太阳比赛早起》、半命题习作“（______）的主人”。将学生的学习延伸到课外，落实到读与写。

随着读的书不断增多，随着对课程改革的深入理解，随着教学技艺的不断提高，教师的反思必将不断深入，教与学必将更加接近教育教学的本质，“远视”教育与教学，让学生真正成为学习的主人。学生是起点，课程是终点；学生是种子，课堂是土壤。只有把课程引入学生生活，课堂内外让学生去体验，学生方能发展，茁壮成长。

（此文发表于2018年4月《语文知识》）

附：教学流程与设计意图

少教多学让学习真正发生
——《黄河的主人》第二课时教学设计

【设计理念】

转变教师角色，真正使学生成为课堂的主人；经历学习的过程，提升自身的综合素养。教师相信学生，赋予学生足够的权利，可使学生主动以其已有认知经验为基础构建新的知识体系，乐于学，能够学，学会学，在语言文字穿行的过程中，扎实地提升“对话”品质。

【教学目标】

（1）练习有感情地朗读课文。

（2）通过阅读、思考、体验，感受黄河的气势、筏子的特点和艄公不畏艰险、勇敢、智慧、镇静、机敏的品质。

（3）理清思路，学习本文衬托、写景抒情的写作方法。

【教学重点】

引导学生抓住重点词句，通过阅读、思考、体验，自主、合作、探究，领悟人们称艄公为“黄河的主人”的真正原因。

【教学难点】

读写结合，学习作家袁鹰的写作方法，为创作打底。

【教学过程】

（一）谈话导入

（1）你叫什么名字？很高兴认识你！来到了镇江实验小学，我是客人，你就是（主人）。客人到你家，你准备怎么招待呀？

（2）这节课，老师是“客人”还是“主人”呢？（客人）既然如此，那你们作为学习的主人，课堂的主人，打算怎么做呢？（自己提问、自己阅读、自己评价、自己书写……）那陈老师干吗呢？（服务、指导）

（3）今天我们继续学习23课——《黄河的主人》。

（设计意图：看似简单的谈话，其实传达了两点：第一，打开学生的话匣子，拉近与第一次见面学生的距离，理解“主人”的含义；第二，让学生知道自己就是课堂的主人，学习的主人。教师“退隐”，学生全身心投入后面的自主、合作学习。）

（二）欣赏名家诵读

（1）我给大家带来了一份礼物，特邀我市著名的朗诵家汪帆为大家诵读《黄河的主人》。一起来欣赏。

（2）评价一下，汪老师读得怎么样呀？（很有感情！只要你们好好练习，有一天你也会超过她。）

（3）课件出示“系”，在文章中应该读xì。此外，纠正“哩”的读音。

（设计意图：欣赏学生的朗诵，一来为学生如何朗诵做示范，同时整体阅读课文，让学生再次走进文本，为后面的学习打好基础。学生通过评价，进一步知道什么叫有感情地朗诵，同时寻找错误，学习多音字。把错误变成一种资源。）

（三）自主提问，对话文本

（1）黄河的主人是艄公，可是文章描写他的语言只有百余字，一起来读读。

（2）有什么问题？（是不是偏题了？为什么花那么多笔墨写黄河、筏子、乘客等？我们分四个专题研究，请按照自主学习单内容自学、互学。）

（设计意图：什么叫学问？就是学习问问题，而不是学习答问题。让学生针对文本提出自己的困惑和疑问，较之教师满堂问，更能提升学生内在思维的含金量和思想活动的层次。）

（四）汇报交流，多元对话

1. 汇报一：关于黄河（突出说话、朗读训练）

（1）黄河给你留下了怎样的印象？

（2）请带着你的感受读一读。

（3）写黄河是为了什么？（写景、铺垫）

2. 汇报二：关于筏子（抓住关键词，突出朗读训练）

（1）请抓住关键语句说说羊皮筏子有什么特点？（小、轻、快，负担重）

（2）写羊皮筏子是为了什么？（状物、铺垫）

（3）读一读。

3. 汇报三：关于乘客与“我”（小练笔，写作方法）

（1）读后有什么想说的吗？

（2）写话、追问。

（3）写景、状物都是为了铺垫，都是为了抒情。

（学生写板书）

4. 汇报四：阅读推荐

（1）为什么称艄公为“黄河的主人”？

（2）再读最后一节。并未偏题，正面描写、侧面烘托。

（3）推荐阅读的理由。

（设计意图：语文课堂特别需要有一段能让学生静下心来阅读、感悟、发现的时间。可把学生分为四个小组，使用不同的学习单，给学生留下整块的学习时间，让学生充分阅读感悟，写写读读。其实，多学，就是多给学生时间学，把学习的主动权还给学生。如此，学生学习的过程就会变为发现的过程，大组的汇报交流才会异彩纷呈，学生才会在交流中共进。教师只有站在习作的角度来指导学生阅读，让学生在读中学习精妙的语言、精巧的构思、精致的布局，学习表达运用，指导学生抓住关键词语有感情地朗读课文，使学生得到文本的精髓，得到情感的调动，达到生本间的有效对话，提升语文素养。）

（五）布置作业

（1）推荐阅读《和太阳比赛早起》。

（2）习作：（__________）主人。

（设计意图：许多时候，我们要将课上的问题延伸至课外，这是因为语文的外延与生活相等。就文本的意义来说，绝不是一次课堂教学就可以穷尽的。作家袁鹰还有许多的优秀作品。因此，对文本的解读必须贯彻课内课外互补原则，让阅读成为学生的生活方式。语文，不仅需要大量地读，大量地背，还要大量地写，还要大量地用，读写结合，就能够学好语文。教师的作业设计为推荐阅读、写作，紧紧抓住语文教学的两翼，推动学生阅读素养、表达素养的提升。）

板书设计：

黄河的主人

黄河　　筏子　　艄公

写景——状物——抒情

语文学习引向深度

纵观当下，学习依然存在一些问题，如学科教学单一，教学模式化，知识碎片化，学习浅显化，尤其是语文学习，唯书本论，唯课堂论，脱离生活，教师视野狭窄，漠视学生能力发展，语文教学机械化、技术化，等等。一篇一篇孤立的课文，一节一节关联并不大的语文课，这一切使学生远离了多姿多彩的生活世界，剥离了学生丰富的生命体验。为了给学生创设更加广阔的学习天地，培养学生带得走的能力，造就学生现在和未来必需的语文素养，必经的路径是让学生深度学习。现以苏教版五年级语文教材为例进行阐述。

一、深度学习视角下的语文核心素养培养

"核心素养"包含三个层次，即学科核心素养、跨学科共通素养以及终身发展素养，它促使教育工作者更加明晰地寻找课改的方向，搞清教育的本质，培养完整的"未来人"。从学科的角度来看，它是学科素养的主干部分；从教学的角度来看，它从"学科教学"转变为"学科教育"，从"知识本位"向"素养引领"转变。彰显育人价值，探索深度学习，让学生持续学习、健康发展、幸福成长。这也是践行《中国学生发展核心素养（征求意见稿）》精神，将发展学生核心素养落实到语文学科教学之中，进行深度实践的重要举措。

1. 语文核心素养的内涵

小学语文素养是以小学语文能力为核心的综合素养，是指小学生具有比较稳定的、最基本的、适应时代发展要求的听、说、读、写能力以及文学、文章、文风、情趣等人格修养。语文学科核心素养包括语言建构与运用、思维发展与提升、审美鉴赏与创造、文化传承和理解。学生年龄越小，越应当去学科化，培养学生共同的素养。随着年级升高，语文核心素养必须细化。

核心素养的根本任务是促进学生形成稳定的人格，促进学生全面发展，

培养适应未来社会需要的人才。因此，核心素养的培养与形成必须关注人格的四层要素：志向（愿望、兴趣、理想、信念等）、经验（知识、技能、熟练、习惯等）、反应（情绪、思考、体悟、感情、意志、记忆等）、气质（性别特质、年龄特质、身体变化等）。我所在学校提出宽和心态、问学精神、和谐融通、审美情趣、学会改变。这一切，最终都指向培养“全面发展的人”。

2. 深度学习的内涵

深度学习是相对浅层学习而言的，二者在诸多方面都有较大差异，如记忆的方式、学习的状况、思维的层次，等等。深度学习是一种自主、批判、发展式的学习方式，关注学生的理解与思维过程，可以让学生在互动中产生问题，在互助中解决问题，在共生中形成新的问题。国内提出的问学课堂、助学课堂、导学课堂等，都在一定程度上体现了深度学习的理念。美国课程学家拉尔夫·泰勒曾说：“学习是通过学生的主动行为而发生的，学生的学习取决于他自己做了什么，而不是教师做了什么。”深度学习更注重学生对知识的理解与运用，能够提升学生的学习力、思维力、表达力，使得学习成为有意义的过程。语文的深度学习旨在让学生在语言的海洋里感受多元的文化，接受情感熏陶，在阅读与实践中体验、思索，做一个完整的人。

3. 深度学习与素养提升的关联

深度学习基于真实的问题与情境，倡导自主、合作、探究的学习，培养学生的思辨能力，关注学习的全过程，培养学生一生有用的带得走的能力。深度学习有助于促进学生语文素养的快速提升。教师创造性地使用语文教科书，从学生的视野出发构建一个具有丰富文化内涵与多元思维方式的语文课程，可以推动学生语文学习的自主探究和自我体验，让学生在生活中学习语言、运用语言和发展语言。这种摸索、探究、积累、体悟，自我发展与超越的学习过程，是促进学生语文素养发展的有力抓手。

引导学生把合作性动手探究活动和阅读文本、写调查研究报告以及小组讨论、专家指导结合起来，将学生引向广阔的课外，学生综合能力、语文素养必将大大提升。

二、深度学习与语文核心素养的相融相通

（一）深度学习的原则

康德说：“教育是个体自我设计、自我选择、自我构建、自我评价的过程，是自我能力的发展，它体现着社会意志和教育者与受教育者平等自由、审慎严肃地共同探究的机理，不是‘指令’，不是‘替代’，更不是让茧中的幼蝶曲意迎合或违心屈从。”深度学习旨在让学生达到深层的学习水平。

1. 问学有机结合：不代替学生思维

“发明千千万，起问在一点。”“问”为“学”指明了方向，是“学”的思维起点；“学”是对“问”的探索，是解惑的过程，能够促进思维的发展，催生人的智慧，使人获得解惑的快乐。“问学”相融、相辅相成、螺旋上升、同构共生。“问学”不仅是提问，更是一种思维的品质，一种合乎小学生天性、顺应小学生发展的学习方式。鼓励学生提出问题，带着问题学习，是深度学习的关键。学生在学习的过程中会不断产生新的问题。这些真实的问题是学生的关注点所在，他们会邀请同伴共同互助解决，进图书馆、博物馆等，或者请教师、专家等，思辨能力、自主学习能力、合作能力进而得以提升。

2. 探究深度推进：不代替学生学习

语文学习的核心是培养学生的思维能力和语言表达能力，语言发展和思维发展是同步共生的。教材中一篇篇有价值的经典课文，尤其是那些文质兼美，能为学生精神打底的优秀课文，教师要好好利用，如苏教版教材中《只拣儿童多处行》《望月》《黄果树瀑布》等课文仅用一两个课时的教授是远远不够的，教师需要花更长时间，把短课变为长课，进行空间变换。教师要为学生多提供、搭建学习、探究的舞台，给学生分组，设计评价量表，督促学生全员参与，深度探究，合作前行。教师要站在一定的高度理性地调整学生生成性问题的方向，以使学生的学习自主性和创造性得到充分的发挥，在探究中不断提升语文素养，形成能力。

3. 全心自主学习：不代替学生成长

学习不是教师向学生传递知识的过程，而是学生建构自己的知识和能力的过程。语文学习不是给学生一个个答案，而应当是让学生总结自己的思维过

程。教师“弱势”，让学生“强势”，让学生自己承担学习行为，比如质疑、自学、探究、合作等。学生自己动脑思考、动手操作、动嘴辩论、动眼观察，这对学生的学习能力、意志品质和感情磨炼都有积极的影响。教师对每个个体都要关照到，让他们参与深度学习，得到全面发展。

（二）建立与核心素养契合的语文学习架构

随着课改的不断深入，教师理所应当成为课程的开发者、使用者，必须建构与核心素养提升契合的大语文学习，用课程促进学生体验生活，并满足学生理智生活、情感生活、审美生活、道德生活的需要。建议从三方面着手。

1. 提供深广的学习内容：让学习丰富起来

学校教育教学的目的就是培养理性的“人”，使得学生在真实的生活和学习生活界中彰显个性，增强对幸福生活的敏感性，收获对自然、对人生与对社会的独特理解，为一生的幸福奠基。教师要转变课程观、教学观、评价观、学生观、教师观，把语文的浅层学习与深度学习、项目学习与主题学习等有机结合，培养一群人共有的素养，同时关注学生差异，彰显学生的个性。

2. 追求幸福、自由、智慧的学习：让学情真正产生

使学生幸福、自由、智慧是对学生在道德学习活动、审美学习活动、认知学习活动中的终极关怀。首先，“立德树人”是第一。教师要引领学生认识到幸福的真谛就是精神世界的丰盈，由他律到自律，团结合作，卓越追求。其次，“自由”是审美学习活动的终极追求，教学要带领学生充分体会、感受、体验，自由徜徉、欣赏、创造。最后是“智慧”。学生诵读记忆旧知固然必要，但更多的还是要发展和创造。教师要引导学生从“要我学”转变为“我会学”，从而走向成功。

3. 教师行为合理让渡：让学生成为与众不同的自己

教师要准确认识、把握自己的角色，真正成为学生学习的服务者、导引者、合作者，既不能将学生的学习紧握手中，死抓不放，也不能任由学生自由散漫；要给学生的大胆质疑提供宽松的环境，给学生的自主学习提供良好的时空，给学生的展示提供多元的平台，尊重学生的差异，实施差异化的课程，执行差异化的教学，满足差异化的个性需求，让每一个学生都成为与众不同的“自己”！

三、语文深度学习的支架与建构

教师即课程，学生即课程。课程最终会留给学生弥足珍贵的东西，这种东西是深藏在学生内心的影响学生后续发展的精神财富。语文的深度学习便是一笔宝贵的精神财富。苏教版五年级教材共有53篇课文，经过梳理，其中《精读与略读》《神奇的克隆》等23篇课文让学生自读自悟即可，《望月》《水》等30篇课文需要让学生精读，适合让学生开展深度学习的课文有6篇，即《珍惜水资源》《走向大自然》《月研究》《长征行》《追寻一个名人》《说名道姓》。这6篇课文学习时间不一，短则一两周，长则贯穿一个学期，甚至一个学年。

（一）基本流程（见图4-3-1）

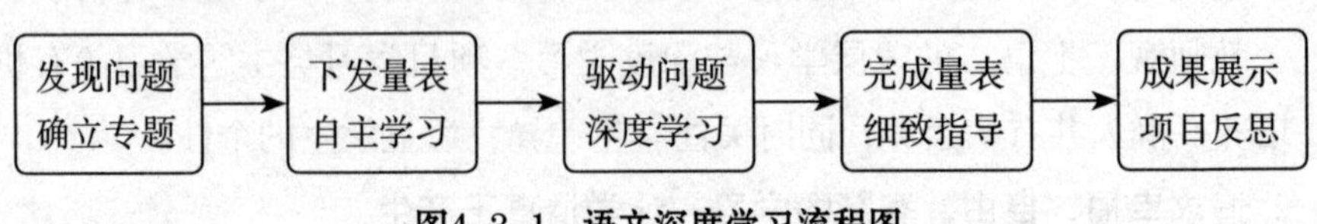

图4-3-1　语文深度学习流程图

教师与学生一同阅读教材，发现问题，共同拟定一个学年的语文深度学习专题内容。教师下发设计的深度学习总表、单项评价量表、过程及成效考核表等。学生自主学习、合作学习，在同伴互助、教师引领、专家指导下深度学习，并完成各项量表。学生完成各项汇报材料，进行成果展示，同时撰写学习反思，促进深度学习再度发生。

（二）体系建构

西方学者杜尔克姆认为，教育的任务是在学生那里形成一种内部的深刻状态，一种类似灵魂聚焦的东西，使学生不仅在童年而且在一生中朝着一个确定方向迈进。杜尔克姆清楚地指出了知识、智慧与生活的联系。而这一切都要依靠深度学习推进。因此，教育者要从培养目标、发展思路、办学理念、课程理念、建设方向、课程开发、课堂文化、课程板块等诸多纬度思考，领会、运用、分析、综合与评价，唤醒学生深度学习的意识，如图4-3-2所示。

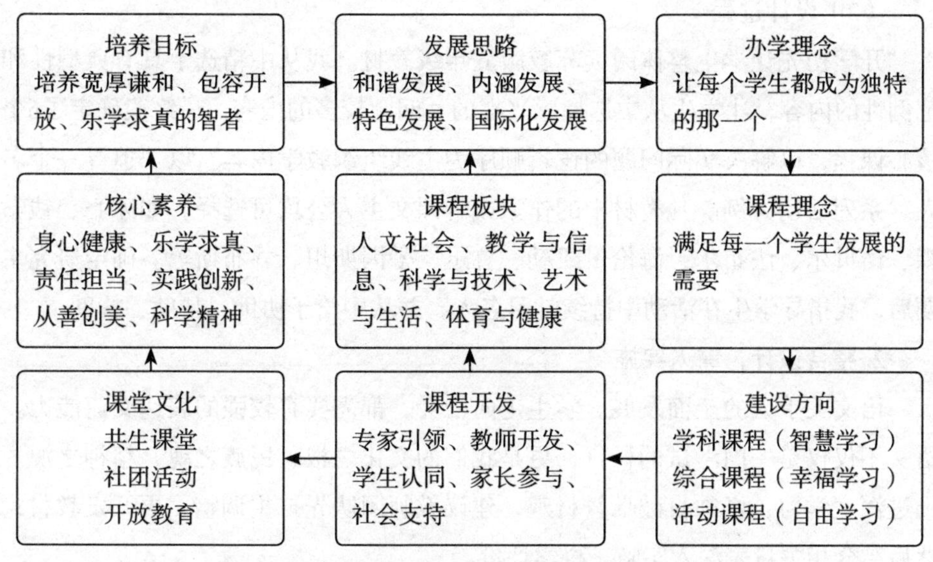

图4-3-2　深度学习建构体系

教师应当重点思考什么知识最有价值，如何让知识成为智慧和素养，如何变教学视野为教育视野，并从传统的知识视野、课堂视野、教材视野走向广阔的语文学习天地。教师应深刻思考：我从哪儿来？带着学生到哪儿去？如何去？同时要用实践回答，即从培养目标、办学理念出发，达成核心素养。图4-3-2的体系建构就是比较清晰而系统的路线图。

（三）深度学习的设计与实施

叶澜教授说："在我的教学研究生涯中，最能打动我的两个字是'生命'，最让我感到力量的词是'实践'。"语文素养的提升当然要在实践中完成。深度学习要在现有教材的基础上加以选择。教师要依托教材，带领学生共同选择，确立方向。具体实施步骤如下。

1. 调查讨论，确立主题

（1）设计初衷

美国著名心理学家斯腾伯格研究发现，人的智力成功发展有三大障碍：一是权威人物的负面期望，二是自身无端地妄自菲薄，三是缺少真正的榜样。选择真正的榜样显得尤其重要。因此我在五年级长线开展"追寻一个名人"的深度学习活动。

（2）设计过程

开学初先让学生整体阅读苏教版五年级教材。我从中精选了具有典型性和范例性的内容，让学生从中选择感兴趣的、问题较多的内容。最终我确定了6个核心课程，以解决实际问题的逻辑顺序为主线组织教学内容。以“追寻一个名人”系列活动为例。凡教材中的作家或者课文主人公均可选择，如冰心、钱学森、诺贝尔、法布尔、海伦·凯勒、鲁迅、爱因斯坦、乔布斯等。确定研究主题后，我指导学生在活动中持续学习名人，并从中给予协助、帮助、扶助。

2. 整合设计，深入实施

语文关乎人的全面发展。学生走向社会，都需要有较强的表达交流能力。语文不仅仅是一门考试的科目，更是我们的文化之根、民族之魂、精神之源。推进深度学习，必须打破唯教材观。建议教师团队先自主调整，再开发教材，然后结合相关量表深入实施，科学评价。

（1）根据学生发展需求，整合取舍现行教材

教师可根据学生发展需求选择教材，大胆删减、增修，保留文质兼美，富有童心童趣的文本，同时补充优秀的文学作品，让学生细读文本，感受人性的温暖，感悟语文的温度，转化为精神力量，转化为自己的智慧。

（2）利用学生生活资源，充实、优化课程内容

课堂只是小天地，课外乃为大课堂。优秀的文学作品可以引导学生不断充实精神生活，完善自我人格，提升人生境界。学习一篇课文可以带动学习几篇文章，学习一篇课文可以带动学习一本甚至多本专著。通过比较阅读，拓展阅读，可以有效充实课程内容，带领学生走向广阔的生活之路、阅读之旅、实践之程，才能刺激学生增强创造能力，成为更好的自己。

（3）合理改进学习方式，共建动态共生课程

“一事一物皆课程。”教师要把课程视为师生、教材、环境等协调运作的动态生长过程。在学校系列成长课程的基础上，我设置了五（6）班班本课程，如两河读书乐、秀秀成语、校园小向导等，让读写课、演讲课、表演课、辩论课成为常态，激发学生的责任感、使命感，发展学生的潜能，提升学生的创造力。

具体操作如下：

第一阶段，先教学《朝代歌》，让学生了解不同时期出现的名人（时间为4周）。

第二阶段，让学生细读文本（课文），寻找作品或专著，进行阅读、摘抄等（时间为2个月左右，地点自选）。

第三阶段，提出问题，开展活动。通过讲故事、看电影、写感想、开演讲会、写研究报告、表演、参观、访谈等活动促进学生学习（时间为1个月）。

第四阶段，整理研究成果，汇报、展示，让学生互相评价；撰写学习心得，提出新的问题（时间为2周）。

3. 总体设计，细致指导

（1）设计深度学习总体设计表（见表4-3-1）

表4-3-1　深度学习总体设计表

名 称		持续时间	
教师团队名单		参与学生名单	
涉及学科		家长协助名单	
拟培养的重点语文学科素养		项目描述（任务分解、行动研究、达成目标、意义描述等）	
驱动问题		学习成果（个人成果、团体成果）	
专家参与		需要资源	
过程动态		其他	

学校的教育使命是保障每一个学生的学习权，提供最优化的服务，求得每一个学生的发展。总体设计表体现了思想性、实践性、融合性、适应性和创新性。由深度学习总体设计表可以看出：教学方向明确，紧紧围绕语文学科素养培养学生，放手让学生去探索；关注过程，突出成果；学生真正成为学习的主体，在行为中思考，在思考中探究，在探究中反思，在反思中发展。

（2）单项评价量表

以系列学习内容演讲比赛“他（她）是我的榜样”为例（设计量表见表4-3-2）进行说明。由表4-3-2可以看出，读书不能仅仅停留在读的层面，要能表达（写、说）得出，要让每一个学生都要大方地登台，表达观点与收获。

表4-3-2 单项评价量表

内 容	优 秀	良 好	一 般
文字表达清晰			
口头表达流畅			
想象力丰富			
号召力强			
虚心听取同伴修改意见			
大方、礼貌、有感染力			

（3）过程及成效考核表

语文学习不仅是语言训练的过程，更是文化传递的过程，积极的实践活动可以引领学生认识自然、认识社会、认识自我，促进学生全面和谐发展。以“名人传”深度学习为例，设计考核表，见表4-3-3，让学生主动探究、团队合作、沟通交流，培养学生面向未来的能力。

表4-3-3 过程及成效考核表

内 容	优 秀	良 好	一 般	备 注
课文学习，确立方向				
购买并阅读传记				
撰写读书笔记				
参加演讲比赛				
讲名人故事				
《真言》小报投稿				
自主设计小报				
研究成果展示				

由三个表可以看出，深度学习关注的是培养学生的创新能力与实践能力，是关注知识、技能和态度的综合表现，它以整合的方式推升学生的语文素养。素养可学、可评、可测、可提升。在活动中，学生学会了求知、发展、合作，既锻炼了运用语文的技能，又陶冶性情，促进了生命个体的成长。

鉴于篇幅，仅列举这一个深度学习促进语文素养提升的例子。其实践与操作，真正关注了学生成长，一切以学生为中心，强调学生对知识的主动探索、主动发现和知识意义的主动建构，注重学生对语文学习的独特理解、质疑、应用。这种动态的运作过程，适用于不同学生的发展，真正促进了每一个学生语文素养的提升。作为教育者，我们应该让学生思考：我要成为一个什么样的人？我将来想做什么？学生想通了、坚定了，学习就会成为自觉行为。

语文的世界是丰富的，语文的学习必须与生活连接，能唤醒学生的主体意识，唤醒学生生命成长的自觉性。深度学习必将成为素养提升的优化路径。未来的深度学习，必将实现从实体性思维到关系性思维、从定式性思维到生成性思维、从定式思维到价值性思维的转变，培养富有生活内涵与生命气息的、独特的、个性的、真实的、有创造性的、完整的幸福人。随着科技的发展，教育者还须为深度学习的发生提供更为丰富的技术支撑资源。

一句话，重视学生“学”，走向“深度学”，这才是合理的发展之路。迈克·富兰说过：出路并不是爬上山头把更多的革新和改革引进教育系统。我们需要一张不同的处方，以便抓住问题的核心，或者说到达另一个山头。深度学习，此乃培养学生语文素养的必然之道。作为教育工作者，我们对语文深度学习的探索依然在路上……

（此文发表于2016年12月《教育科学论坛》）

第五章

差异教学：语文差异教学的课堂变革

基于语文核心素养的差异学习样态

核心素养的培养与教学的变革实践是紧密相连的。学生永远是教学中最为重要的关注对象。让学生以适合自己的学习方式和节奏进行学习是课堂教学变革的关键。因为只有这样，才能使学生在原有的学习基础上得到持续的发展，才能使学生的主动学习持续发生，从而获得差异化的发展。基于核心素养的差异化学习课堂样态呈现如下。

一、基于问题——让学生的学习主动

思维从问题开始！不断提出问题再解决问题就是学生学习过程的要义。学生会提问，爱探究，能质疑，善发现，才会拥有获取新知的能力。学生学会提问，才能唤醒内生力，激活想象力和创造力。学生自主学习、独立思考，是小学语文重要的核心素养。学生是教育的出发点和落脚点，教育要实现立德树人的根本任务，就必须在任何时候都坚持以学生为本的教育理念，这是教育的金科玉律，更是教育的本质要求。

二、基于过程——让学生的学习发生

小学阶段的学生需要打好听、说、读、写、书的基础，做到：要有一定的识字量，写一手好字；会读书，能读懂文章（专著）；会倾听，敢于表达自己独特的见解；会写作，能写文通句顺的文章；会说话，有好口才；好读书，养成天天读书的好习惯。只有这样，才能打好语文学习的底子，才能完成语文的重要使命——运用语言文字，提升素养。

三、基于发展——让学生的学习改变

无论什么学科，都是为了助推学生的发展。从“能力”转化为“素养”，需要方法，更需要时间、耐心。语文学习要注重学生对知识的理解与运用，使学习成为有意义的过程。要让学生在语言文字的学习过程中感受多元的文化，接受情感熏陶，在阅读与实践中体验、思索。要通过实践，把听、说、读、写、书转变为阅读力、表达力、思维力、学习力，让学生的学习每天都有新变化，每天都有新发展。

四、基于未来——让学生的学习可见

核心素养指向学生终身学习，要让学生的语文学习可见。课程内容、教学内容，要充分向课外延展。既需要关注教材小文本，更需要关注教材外的大文本。唐诗宋词、国学经典、古代神话、现代经典、名人传记、世界文学……要培养学生的思维能力和语言表达能力，实现学生语言发展和思维发展的同步共生。要让学生的学习成效显著，可测可见。

五、基于差别——让学生的学习变化

每一个学生都是与众不同的，教师应研究学生的身心发展规律，实施差别化语文教学，实现学生差异化的发展。教师要提供适合学生原有学习水平的教学，在教学内容、学生安置、方法策略、组织形式等方面实行多元弹性管理。要甄别学生的差异状态，最大可能地满足每个学生学习语文的需要，确保学生的参与和分享，促进个性的最大化发展，从而实现互助与共生。

六、基于深度——让学生的学习向前

核心素养是后天习得的，其形成需要建构以深度学习为路径的新型学生学习文化。教师要创造性地使用教科书，探究深度学习的路径与方法，将学科课程、综合课程、活动课程有机地整合起来，培养学生的思维力，使学生投身有价值的探究活动中。此外，语文学习要有一定的难度，通过项目学习、阶梯学习、主题学习等向前推进，使学生走向深度学习。

基于以上几点表现，我们得知个性化的核心素养培育务必以学生的核心素养为中心，再建立教育目标和学生学习成果间的分层目标，防止学生的核心素养被“架空”和“悬置”。教师要以开放的、多元的眼光看待每一个学生的成长和发展，重视学生的学习体验，使学生的学习与其生活紧密联系起来。一句话，核心素养的落地生根需要差异化的学习。

语文差异化课堂的表征

虽然课堂上，学生的性别、身高、面孔、学习风格等各不相同，但体现在差异化的课堂上，学生的一些基本表征是相同的。

差异化课堂的十大表征（学生）：

（1）课堂上错着错着，慢慢就对了。

（2）每个人都有发言的机会，用好发言卡。

（3）聆听每一个人的发言，不打断，善补充。

（4）小组中有明确而具体的分工，人人参与其中。

（5）可以下位讨论或者请教。

（6）有与众不同的想法。

（7）相信自己，学习有信心。

（8）积极地评价他人，不嘲笑他人。

（9）发言时音量适中，表达完整。

（10）教师许可后，在课堂上可以进行选择。

从教师的层面来看，需要具备以下十大表征：

（1）在开始教学前，确保每一个学生的注意力都集中。

（2）了解每一个学生的学习风格，给予明确的指导。

（3）态度友善，充满热情，服务每一个学生的学习。

（4）给予学生肯定，参加学生的小组学习活动。

（5）在学习上尊重个体差异，并善用差异。

（6）少用物质奖励，多用激励性评价。

（7）成为学生意见的倾听者。

（8）作业分层，评价关注过程。

（9）提供更多展示的机会和使学生获得成功的机会。

（10）开展活动，引导学生体验学习。

语文差异化学习的课堂观察及流程

一、语文差异化学习的课堂观察（见表5-3-1）

表5-3-1　基于差异理念的语文课堂学习观察表

姓名：＿＿＿＿＿　时间：＿＿＿＿＿

项目		评价									水平等级
		师评			组评			生评			
		1分	2分	3分	1分	2分	3分	1分	2分	3分	
课堂学习是否投入	举手发言										1=好 2=一般 3=不好
	认真倾听										
	及时补充										
课堂学习是否自信	敢于表达										1=自信 2=一般 3=不自信
	敢于质疑										
合作学习是否投入	善于倾听										1=善于 2=一般 3=不投入
	积极表达										
作业是否认真完成	课前										1=认真 2=一般 3=不认真
	课中										
	课后										
是否善于思考问题	独立思考										1=善于 2=一般 3=不善于
	创新思考										

续表

<table>
<tr><th rowspan="3" colspan="2">项目</th><th colspan="9">评价</th><th rowspan="3">水平等级</th></tr>
<tr><th colspan="3">师评</th><th colspan="3">组评</th><th colspan="3">生评</th></tr>
<tr><th>1分</th><th>2分</th><th>3分</th><th>1分</th><th>2分</th><th>3分</th><th>1分</th><th>2分</th><th>3分</th></tr>
<tr><td rowspan="2">是否尊重他人</td><td>认真倾听</td><td></td><td></td><td></td><td></td><td></td><td></td><td></td><td></td><td></td><td rowspan="2">1=尊重
2=一般
3=不尊重</td></tr>
<tr><td>中肯评价</td><td></td><td></td><td></td><td></td><td></td><td></td><td></td><td></td><td></td></tr>
<tr><td rowspan="3">是否完成学习目标</td><td>掌握知识</td><td></td><td></td><td></td><td></td><td></td><td></td><td></td><td></td><td></td><td rowspan="3">1=好
2=一般
3=不好</td></tr>
<tr><td>掌握方法</td><td></td><td></td><td></td><td></td><td></td><td></td><td></td><td></td><td></td></tr>
<tr><td>掌握能力</td><td></td><td></td><td></td><td></td><td></td><td></td><td></td><td></td><td></td></tr>
<tr><td colspan="2">自我反思</td><td colspan="10"></td></tr>
<tr><td colspan="2">总评</td><td colspan="10">得分：优秀（51~80）良好（81~90）合格（91~110）不合格（111及以上）</td></tr>
</table>

二、语文差异化学习的流程（见图5-3-1）

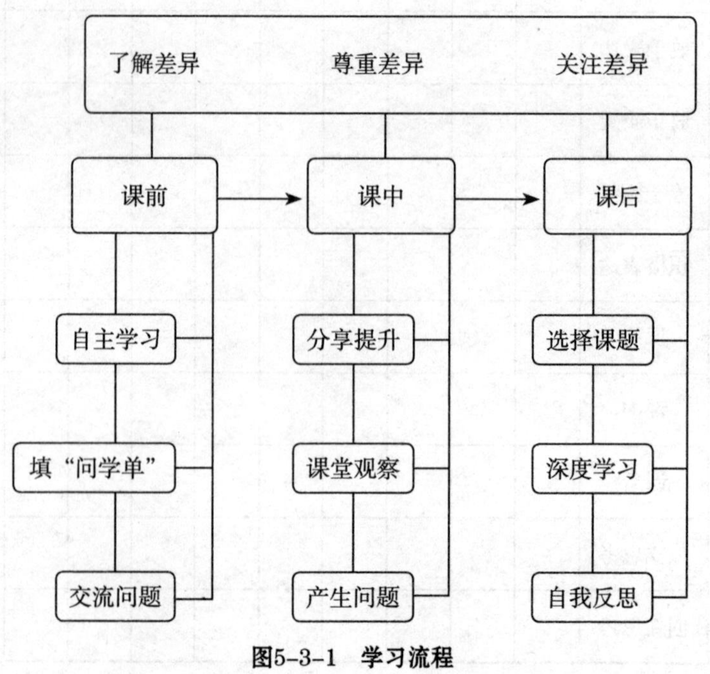

图5-3-1　学习流程

学习风格差异决定不同教学行为

一、听觉型学习者

1. 学习者特点

乐于交流，在与他人交谈或表达想法的过程中会感到快乐；能引人发笑，擅长讲故事，但在精细动作的协调方面表现欠佳且有多动症的表征。通常喜欢聆听，容易记住东西。

2. 教学行为

采用直接教学法。教师通常采用陈述性和程序性教学法来指导学生学习，采用同伴互助辅导的方式来让学生体验学习，设计将音乐整合在内的活动，运用组内交流、自由思考法和苏格拉底式研讨活动进行教学。布置具体的口头活动。以语言作为学习的载体，进行师生、生生和自我对话。采用同伴互助学习的方式，促进学生共同成长。

二、视觉型学习者

1. 学习者特点

在理解口头指示方面有困难；记住名字可能有困难；喜欢看书或画画；喜欢注视说话者的脸；喜欢猜谜语，注意细节；喜欢谈话时使用视觉形象的教师；喜欢使用非语言的组织者。

2. 教学行为

教学时可运用视觉化的手段。这些学生需要“看到”所学的内容，才会觉得学习有意义。教师要提供足够的练习，以便学生熟练地掌握所学内容。

三、动觉型学习者

1. 学习者特点

需要活动的机会；想去触摸、闻、品尝各种东西；想与邻近的人接触；动作技能通常不错，很活跃；喜欢拆开东西看看它们的工作原理；与同龄人相比显得不成熟，是过分活跃的学生；喜欢以动手的方式学习。

2. 教学行为

提供活动的机会；将音乐、艺术和动手操作加进来；使课程成为可以操作的组块；适当的时候使用发现学习。在小组讨论或合作学习中应用这些技巧，使这些学生有机会四处走动，能与同伴谈话。

基于多元智能的语文差异化学习模式

每个学生身上都有不同智力，用来发展不同智力的教学方法也是不同的，见表5–5–1。

表5–5–1　学习的八种方式

智力倾向	思 维	爱 好	需 要
言语智力	通过语言文字	阅读、写作、讲故事、玩语言文字类游戏等	图像、磁带、写作工具、日记本、对话、讨论、交谈、辩论、争论、讲故事等
数理逻辑智力	通过质疑和推理	实验、怀疑、解决逻辑难题、计算等	实验材料、科学资料、操作工具、参观天文馆和科学博物馆等
视觉空间智力	借助图像、图片（形象思维）	设计、绘画、视觉图像、玩迷宫游戏等	电子图片、视频、纸质图书、组合拼装玩具、进艺术类馆舍进行学习
肢体动觉智力	通过身体感觉或运动知觉	跳舞、跑步、跳跃、手工制作、触摸、做手势等	角色扮演、戏剧、身体活动与体育比赛、手工制作、触觉体验、实践式学习等
音乐智力	通过节奏和曲调	唱歌、吹口哨、哼唱、用手和脚打拍子、听	参加歌咏会和音乐会，在家或学校演奏音乐，乐器，参加音乐比赛，创作乐曲，等等
人际智力	通过与他人交流	带领、组织、协调、参加、交际等	友人、小团体活动、社交派队、社团活动、良好的师生关系等
内省智力	深入自己内心的深处	设定目标、自我调节、沉思默想、计划、反思	隐秘的场所、独立的时间、选择权、可自我调节的事务等
自然观察智力	通过自然，通过自然的形式	饲养小动物、做园丁、观察自然和探索自然	接近自然、有机会和小动物接触、探索自然的工具（如放大镜、望远镜等）

桥梁与人们的生活紧密相连，我国自古就有“桥的国度”之称，中国桥梁的建筑艺术，在世界桥梁史上具有举足轻重的地位，是中国人民智慧的结晶。在小学生中进行“桥”的探究，具有一定的意义。

一、基本模板（见表5-5-2）

表5-5-2　以“桥”为主题的多元智力整合学习模式

智　力	活动中心	活动内容
言语智力	阅读中心	阅读有关桥梁的书籍，在阅读的基础上从事相关写作
数理逻辑智力	计算中心	计算和比较不同桥梁的费用、面积大小等
视觉空间智力	绘图中心	设计并绘制桥梁图纸
肢体动觉智力	建筑中心	用轻质木材和胶水制作桥梁模型
音乐智力	音乐中心	听有关桥的歌曲，演唱自己创作的有关桥的歌曲等
人际智力	交际中心	与同龄人一起模仿家庭环境，玩“造桥”游戏
内省智力	体验中心	用文字、图片和动作等表现桥，或设计几种理想桥梁
自然观察智力	建筑中心	设计桥周围的自然景观，如绿地、盆景、假山等

“桥”的主题学习让每一个学生都有机会运用自己的优势智力进行学习并展示自己的学习成果。

二、两种变式

变式一：横跨不同学科的主题整合模式（见表5-5-3）

主题——发明创造。除了造纸术、指南针等四大发明，中国还有很多发明，如中医中药等。让小学生走进发明，可以帮其消除发明的神秘感，知道只要肯动脑、勤动手，自己也可以发明创造。

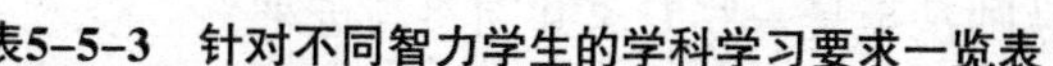

表5-5-3　针对不同智力学生的学科学习要求一览表

智力	数学	科学	阅读	写作	社会研究
言语智力	阅读涉及发明的数学问题	谈论涉及特定发明的科学准则	阅读一本普通的有关发明的书	就你喜欢的发明进行写作	就引起某个发明的社会条件进行写作
数理逻辑智力	学习一个充当发明基础的数学公式	为一项新发明的出现创立一个假说	阅读一本有关发明背后逻辑与数学关系的书籍	就某个著名的发明写一个文字说明	建立著名发明的时间线索
视觉空间智力	画出有关特殊发明的几何草图	画出草图来表示某项发明的所有工作范围	读一本对内部工作原理进行解释的书	以草图形式记读书笔记并为各组成部件进行注解	画一幅壁画表现发明在社会或历史中所起的作用
肢体动觉智力	设计一项活动来测量人的身体	在声学原理的基础上自行构造	阅读相关介绍发明创造的说明书	写出从原材料开始的说明书	就某个发明的由来，进行戏剧表演
音乐智力	研究与音乐器材发明有关的数学问题	研究电子音乐发明背后的科学问题	阅读与某一歌曲创作有关的背景材料	给某项新发明填写歌词	听来自不同历史时期的音乐
人际智力	加入一个共同研究某项发明的数学小组	组成一个讨论小组，研究发明背后的科学	阅读有关合作在发明中的必要性的材料	写一个剧本，反映合作在发明中的作用	针对某一项发明是如何出现的进行小组讨论
内省智力	基于发明的需要，创造自己的问题	独立调查一项特别发明的科学背景	阅读一位著名发明家的传记	以著名发明家的身份，写一个自传	思考一下，假如你能发明一个时间机器，你将用它做什么
自然观察智力	调查那些用于测量自然现象的发明	研究克隆技术的科学原理	研究有关“自然观察者发明”的书籍	就动物在发明创造中的作用写一篇短文，阐明自己的观点	设计一项发明，为地球的生态繁荣做出贡献

上述学习没有边界。将阅读、写作、数学、科学等有机整合，可以为学生跨学科学习提供更多机会。每个学生都可以进行不同的选择。当然，实际操作

中需要许多学科教师甚至是一些专家共同参与进来。

变式二：横跨不同层次认知目标的主题整合模式（见表5-5-4）

表5-5-4　主题：港城市树（银杏树）、市花（玉兰花）研究

智力	识记	领会	应用	分析	综合	评价
言语智力	记住市树、市花的名字	解释市树、市花的病状，并指出树的病因	描述树的病状，并指出树的病因	描述市树、市花的各个部分	写一篇论文来描述一棵树、一朵花的生命周期	对控制树木生长的不同方法进行评价
数理逻辑智力	记住市树、市花的叶子有几个角	在测量市树、市花的高度时把英制转换成公制	估算市花高度	分析残余树液的成分	根据气候、土壤和其他信息，以图表形式呈现一棵树、一朵花的成长过程	以数据为依据，对树、花的营养状况进行等级评定
视觉空间智力	记住特定市树、市花的基本结构	参照图解，说出市树、市花的生长阶段	运用几何学原理确定市树、市花的高度	描绘树根的细胞结构	以树木、花草为主要特征，创作一幅风景规划图	评价不同风景规划图的实用性
肢体动觉智力	通过触摸树皮来确定树的种类	给出多种树木的果实，从中鉴别出树种	给当地的某种树找到理想的种植地	以陶艺的形式创作树、花的不同部分	收集种植市树、市花所必需的材料	评价不同种类果实的质量
音乐智力	记住有关市树、市花的歌曲	解释某些与树、花有关的古老歌曲是如何产生的	改编一首古老的有关树、花的歌曲，要能反映当前的问题	通过它所反映的问题对有关树和花的歌曲进行分类	依据从本单元学习中获得的信息，创作自己的树与花之歌	对给定的树、花之歌进行等级评定，并给出相应的评定理由
人际智力	记下全班同学对"什么是你最喜欢的树和花"这一问题的反应	采访其他同学，确定最受欢迎的树种、花	依据调查结果，确定去果园、公园郊游的地点	依据同学们所喜欢的树、花，对他们进行分组	与相关人士进行联系，安排去果园、公园郊游的活动	列举三种方式，询问他人对树、花的偏爱情况

续表

智力	识记	领会	应用	分析	综合	评价
内省智力	以日记的形式记下某次赏树、赏花的经历与过程	与同伴分享、交流你爬到树上时的最初感受	以自己的经历为基础，制订“爬树原则”	将你的爬树经历分为开始、中间和结束三个部分	以你过去的经历为基础，计划一次爬树探险活动	解释在爬树经历中，什么是你最喜欢和最不喜欢的
自然观察智力	学习通过视觉区分不同树和花	描述人类和其他生物是如何受益于树木和花的	创作一套能够区分不同树叶、花叶的分类体系	分析某种树木在生态体系中所起的作用	寻找保护某个特定树种的方法，使其远离伤害与疾病	评价当地环境中哪种树对环保具有最大价值

学生在每种智力方式的学习中都有多种选择学习的机会，分层安排有利于学生进行差异化学习，从而实现差异化进步。

德国著名哲学家保尔生说：很多人学了许多不适合他们能力与爱好的知识，结果就是，这种学习内容获得方式本身就是对师生的一种双重折磨并且对学生的自然智力也存在很大伤害。

在各科教学中，为了助力学生更有效地理解并吸收教材指定内容，教师需要尽量运用多种方式教学相应课程内容，或为学生学习同一课程内容提供多元切入点，至少为学生开启4~5种智力活动“窗口”，这便是加德纳反复强调的所谓“智力公平的教学方法”。

积极心理学视域下的小学习作差异化教学寻绎

《基础教育课程改革纲要》提出："注重培养学生的独立性和自主性，促进学生在教师指导下主动、富有个性地学习。教师应尊重学生的人格，关注个体差异。"因此，教师要注重学生差异化学习。而习作教学是小学生习作兴趣和习惯的启蒙，更是培养学生独立性、自信心的开始，因而笔者十分关注小学习作差异教学的研究。

习作教学是小学生将独有经历、个性思维以及特别感受从内化到外显着陆的一个过程，因而，差异化习作教学在小学阶段尤为重要。

一、小学差异化习作教学中学生的消极心理表征

1965年，美国的罗曼提出了习作过程阶段理论，将习作过程分为三阶段：习作前、习作中、习作后（改写）。研究发现，学生在习作的三个阶段都存在一些不良的习作心理，笔者对此进行了一些研究和分析。

1. 习作前的恐惧心理

怕写作文成为学生中的一种普遍心理状态，习作前的恐惧主要来源于之前的某种失败或者不良体验，也正是这种恐惧心理的存在，泯灭了学生的习作热情，影响了学生的情绪和思绪，不利于习作思路的打开，由此也就产生了一种越害怕越不会写，越不会写越害怕的恶性循环。

2. 习作中的定式心理

思维定式是心理上的一种"定向趋势"，是个体由已有的知识、体验、习惯所形成的一种常备状态，并会对今后的认识、情感等心理行为产生正向或反向的推动作用。学生在习作中难免陷入定式思维，当不利的定式思维形成，学生便会习惯采用固定的思路和习惯进行创作，长此以往便会产生习作的倦怠感，失去对习作的热情。

3. 习作后的应付心理

因为学生的习作动机不强，学生欠缺对习作的热情、勇气，往往会产生为了完成习作任务而习作的心理。这种习作往往是被动的，缺少情感，习作后学生不会有意愿重读自己习作的内容，不愿对习作内容进行修改，对习作结果的好坏更是无所谓，不求创作出好的作品，不指望自己的习作水平有所提高，应付完一篇便是“历完一劫”。

二、小学差异化习作教学中尴尬处境的追因

以上学生消极习作心理的产生，究其原因还是教师没有充分调动学生的习作热情，没有照顾到不同学生的不同习作需求，笔者追其原因，发现教师在实际教学中还存在着以下三点不足。

1. 差异化引导力不足

中高年级的小学生正处在习作学习的懵懂和萌芽期，教师的指导起着至关重要的作用。例如，在习作前，教师需要引导学生有积累素材以备习作的意识，但由于部分教师自身能力有限，加之大班额等客观因素的影响，较容易忽略差异化的素材以及心理准备，从而直接影响学生的习作积极性。

2. 差异化指导力不强

习作过程是学生将自己独有的经历、想法以及个性从无形化为可视的过程，这是整个习作教学的关键，决定了本次习作教学目的能否顺利实现。教师通常会按照课标要求设计教学目标，选取教学内容，一刀切地进行习作指导，虽能按时走完上课流程，但不利于唤醒学生的习作热情和风格，导致整个班级习作内容大同小异，缺乏个性。

3. 差异化评价力不够

对绝大多数语文教师来说，作文批改是一项大工程：400字/生×45生/班=18000字/班，一周就有将近2万字的阅读量，还要做错字修改、旁批、眉批等工作，批改作文的时长为5分钟/篇×45生/班=225分钟/班，工作量的沉重导致有的教师只是部分精批，甚至有的教师直接打等级加几句“放之四海而皆准”的评语，这样的评价对学生而言起不到任何帮助。再加之应试教育的大环境，为考试而学，为考试而写，因考试而被扼杀了天赋，因考试而导致作文模式、理念“整齐划一”的现状大大挫伤了学生习作的积极性，阻碍了学生写作能力的

提高，使学生形成不良习作心理。

三、积极心理学视阈下小学习作差异化教学的价值厘定

积极心理学是20世纪末由美国心理学家塞利格曼和森特米哈伊联合提出的心理学的一个新研究领域。积极心理学运用科学的方法来研究幸福，倡导心理学的积极方向，将人类的积极心理品质作为主要研究内容（见图5-6-1）。将积极心理学融入小学差异化习作教学会使习作教学更易被学生接受，进而提升学生的习作能力。

图5-6-1　积极心理学导图

1. 激发主动习作意识，促进幸福习作

笔者在调整自己的教学策略后明显发现，学生对自我和外界的认识得到了提高，自信心得到了增强，发现并认同差异化的存在，会用一种积极的心态看待自我和他人，学会自我调节并且更加乐观开朗。越来越多的学生对习作课有了很大改观，习作目的更加明确，对未来也充满了希望。

2. 积累有效习作策略，增强习作自信

学生从原来对习作课的消极“怠工”到积极主动掌握习作前的审题技巧，学会用不同的修辞手法和衔接转换来丰富文章结构，学会在习作后有目的地进

行修改和润色，更多的学生会从习作中找到自己的优点并加以自我肯定和相互肯定等，这些都说明积极心理学的运用使得差异化习作教学的成效有了可见的提高。

3. 提升差异习作能力，助力终身习作

《义务教育语文课程标准》提出："习作要有真情实感，力求表达自己对自然、社会、人生的独特感受和真切体验。"教师和学生都能积极地认可并助力差异化习作有助于学生"我手写我心"，情真意切、天真烂漫、快乐大胆地在文字中张扬自己的个性，将习作变成"伙伴"，生命不息，习作不止。

四、积极心理学在小学差异化习作教学中的实践策略

小学阶段是学生差异化习作能力萌芽发展的重要时期，教师要充分合理地将积极心理学应用到小学习作差异化课堂教学中，营造良好的学习氛围，增强习作教学的有效性。

（一）习作前差异化的积极准备，提升教学期待

教学前最重要的部分就是根据教材、学生设立合理的差异化教学目标，创设融洽的教学环境，提升学生对习作课堂的积极期待。

1. 设立合理的教学目标

在积极心理学的理念下，小学差异化习作教学目标的设定需要具有激励作用，能够激发学生对所学内容的积极性（见图5-6-2）。首先，对不同类型的习作，设置的教学目标都应当有所差异。其次，目标的难易应当适中，结合维果斯基的"最近发展区理论"针对不同年级、班级、学生都应当有所区别，注重引导学生在习作过程中认识世界和自我，鼓励学生自由、创意表达。

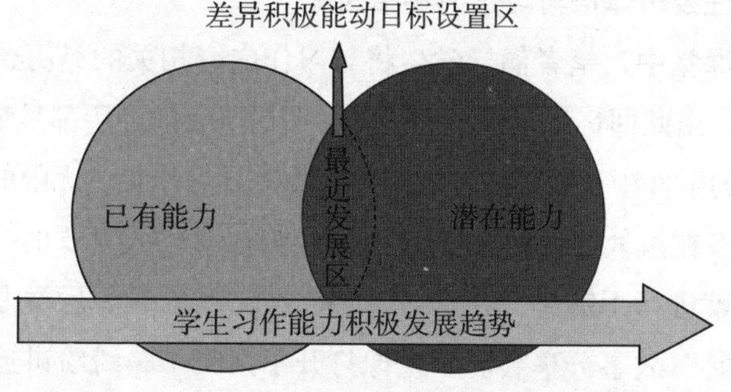

图5-6-2　差异积极能动目标设置图

例如，苏教版五年级上册《习作3》观察描写树叶，对习作能力较弱的学生的要求是观察叶子的外形、颜色后，结合比喻的修辞手法将叶子的外形、具体形象生动地描写出来，完成静态描写即可；对习作能力较强的学生则要求在写出叶子外形后观察思考叶子的动态，发挥自身想象力，同时培养学生对秋天和自然的热爱之情。

2. 营造轻松的课堂氛围

积极心理学研究表明，积极的情绪能够增强学生的学习兴趣，因此，安全轻松的学习氛围便是差异化课堂的动力。为保证这种动力的重组，首先要建立良好的师生和生生关系。学生是学的主体，教师要转变身份融入学生，做学生学习的引导者、推动者，充分调动不同学生的主观能动性，促进课堂高效运转。

3. 打造浓郁的书香课堂

积极大量的阅读体验不仅会让学生积攒更多知识，同时会丰富学生对这个世界的认识，开阔学生的眼界，加强学生的语感。阅读量的积极增加给差异化习作教学带来的是从量变到质变的飞跃。学生思路被打开，静心阅读，乐于分享，勇于表达，为习作教学打好了坚实的基础。

笔者在班级教学中始终以身作则带着学生积极阅读，从教师引读到同学荐读，再到班级共读一本书，全员走进图书室寻找自己爱读的图书，从少年文学到艺术修养，从名人传记到科学、历史故事无一不在丰富学生的新知，丰富学生的作文素材修养，在积极的班级阅读氛围中，使学生切身感到阅读与习作的魅力。

（二）习作中的差异积极策略，增加积极体验

除了设定合理教学目标、创设融洽的课堂氛围，教师还要在真正的教学过程中注重对学生进行积极差异化的引导，增加学生习作课堂的积极体验。

1. 回忆个性经历体悟与习作内容相匹配

习作教学课堂中，笔者倡导学生将与习作内容相关的经历感受用一个词、一句话写下来，由此回忆记录经历的事件，明白所有的经历都是最真实的素材，都可以在不同的事件中获得不一样的体悟，为差异习作提供无限的可能。

例如，笔者在执教苏教版五年级上册《习作2》“我喜欢的一种动物”时，在前两周时间就进行了铺垫。在学习《装满昆虫的衣袋》后举办了一场“装在我心中的那个它”故事分享会。学生像打开了话匣子，纷纷讲述自己与最喜欢的小动物相遇、相识、相处甚至分离的故事。在学习《变色龙》和《金蝉脱壳》时与学生交流描写动物外形的方法，因而到真正开始习作时，学生发现自己有话可说，有真实的感情抒发。

2. 交流个性习作思路，拓展学生习作角度

积极心理学十分注重自我效能感的培养，同一个习作主题展现出的不同学生的解读和思考也是千差万别的，此时鼓励学生大胆表达，既能提升学生对自我的认可，同时又能够助力打开班级更多学生的习作思路。

例如，苏教版五年级上册《习作6》请学生观察两幅漫画进行习作（见图5-6-3）。学生在交流中发现，故事的主人公都是千差万别的，有的是以小姑娘作为故事的叙述者，有的则是以小鸟或小猫作为主角，还有的同学以旁观者的视角叙述整个故事，虽然角度不同，但习作同样出彩。

仔细观察下面两幅图，弄清每幅图的意思。然后想想看，接下来会发生什么？结果会怎样？再把这个故事写下来。题目自拟。

图5-6-3　苏教版五年级上册《习作6》内容展示

3. 阿德勒正面管教，吸引学生关注习作

著名心理学家阿德勒同样聚焦积极心理层面的“正面管教”，他认为“人的积极品质和社会动机在个人行为中具有重要作用”，这就启发我们教师在教学中要坚持以学生为中心，创设坚定而积极的习作教学氛围，通过实践“平等、积极暂停、激励、指导”等正面管教的操作方法，对扰乱课堂纪律的或“不在状态”的学生适当关注，提升学生自信心，树立榜样，打造优质高效的差异化习作课堂。

例如，通过“正面管教”学习，笔者发现，扰乱课堂秩序和“不在状态”只是部分学生的行为表征，教师需要挖掘和探索这些行为背后的原因，即对归属感的所求和价值感的欠缺，此时教师就要与这些学生建立“连接”，积极主动地对课堂进度适度暂停，既帮助“问题”学生找到归属感、自我价值感，也助力其他学生产生良好的社会责任感，共同学习进步。

（三）习作后的差异积极评价，延续习作热情

完整的习作教学不仅包含前期的准备和现场的撰写，更重要的是激发学生的自我认同感，延续习作热情，持续提升习作能力。

1. 福流体验，提升自我效能感

福流体验是积极心理学中自我效能感落地的一种演变，充分展现在内在动机的作用下个体是如何投入并获得幸福感的，而且这种幸福不是与他人横向比较而获得的，而是每个人都可以达到的属于自己的最优状态。习作完成后，教师可以引导学生进行自我评价体验，请学生体验感受自己原有习作水平和现有习作水平的差异，在比较后感知自身的成长和进步，进一步认识自己与认可自己，获得独有的福流体验。

2. 洛萨达线，打造积极评价力（见图5-6-4）

图5-6-4　班级共读《海魂》

洛萨达线，又称洛萨达比例，是积极心理学领域中的一种快乐定律，是指当积极与消极的比例高于2.9∶1时，公司发展态势好，反之则令人担忧。这提示我们，教师、同伴要对习作的评价功能的认识加以转变，带着肯定的积极心理，不再一味“纠错”尝试多去“觅优”，用赏识和赞美的眼光去肯定和激励小作者，帮助他们形成乐写、乐评、乐改的良好习惯。

笔者在班级习作差异化教学中采用了“同读—同写—同读”的教学方式，班级共读一本书，然后学生一起写读后感或是故事前传、后传，再在班内开阅读分享会，将自己的“姓名牌”送给觉得写得好的同学，增加了自己习作的读者，学生更加乐于书写和分享。

3. 阶梯评价，实现差异可视化

针对不同学生个性和习作能力，教师要善于针对不同层次学生进行分层评价，力求贴近学生的最近发展区，引领每个学生提升自身习作水平，习作能力从无到有，从弱到强，从“墙内开花”到“墙外花香”，让每一个学生在每一次习作中得到发展，体验到习作成功的快乐。

例如，在日常教学过程中，笔者会针对不同学生设定不同的习作目标，从字数到表达，从内容到技巧，对习作用心批阅；对学生的鼓励也是精神与实物并举，将习作打印贴到班级荣誉栏，投稿发表、参赛。一名学生家长给我打电话，说孩子突然对习作感兴趣了，有自信了，写得像篇文章了，再后来这个学生在五年级上学期期末时发表了人生的第一篇习作，下学期又连续发表两篇（见图5–6–5）。

图5–6–5　阅读同学发表在《苍梧晚报》上的习作

笔者通过研究发现，积极心理学应用于小学习作差异化教学具有很大的实践意义，因此教师在教学中可有意地应用轻松活泼的课堂氛围来激发学生习作热情，同时鼓励学生发现自身和其他同学的优点，不断完善，树立正确的习作思路，充分发挥个人习作潜能，激发学生独有的创造力，在充满正能量、有差异、有趣味的课堂上不断发现进步、肯定进步、获得进步，从而发现获得更大的进步。

积极心理学要成功地应用于小学差异化习作教学还需要我们教师及时更新知识储备，遵循习作教学面向全体学生的原则和全面发展与个性发展并行的原则，既尊重学生间的差异又兼顾班级的整体发展，从而真正提升学生的自信心，促进个性发展，最终实现班级学生习作能力的整体提升。

我们教师应当树立正确的教育理念，打造积极的教育力量，尊重与爱护每一个学生，用心去培养学生的习作能力，使他们有意愿表达，会恰当表达，能精练表达。正如陶新华老师在《教育中的积极心理学》中所写的：“当我们聚焦于积极面的时候，我们就看到了进步和希望。”

第六章

表现评价：适合语文差异学习的评价

当下小语评价的困境

《国家教育事业发展“十三五”规划》明确指出，要建立“学业水平成绩+综合素质评价”教育质量保障体系，全面提升育人水平。综合素质评价已越来越引起广大教育工作者的重视，构建与发展学生核心素养相适切的评价显得尤为重要。本文以小学语文学科为例，对核心素养背景下的评价进行改革。

现状：小学语文评价泛化问题调查分析

由学业评价向素养评价转变是小学语文评价落实核心素养的改革方向和目标，但是在这个转变过程中存在着一些亟待解决的问题。

一、简单化，知识考试代替素养评价

一张试卷的构成（以某市五年级语文试卷为例）见表6–1–1。

表6–1–1　某市五年级语文试卷构成

积累与运用（45%）							阅读与理解（25%）		习作与表达（30%）
看拼音，写词语	选择正确读音	把词语补充完整	修改病句	根据课文内容填空	把诗句补充完整	口语交际	内容理解	关注表达	以“感恩”为题写作文
10%	6%	5%	6%	7%	6%	5%	21%	4%	30%

学生的核心素养是一个复杂而系统的综合体，小学语文中包含听、说、读、写等考查思维力、表达力、阅读力等的重要内容，岂是一张试卷就能够涵盖得了的？笔者对2017年1月某市3个县区的五年级语文期末试卷进行了统计分析，3个县区“基础知识”所占比重分别为35%、42%和45%。由此可见，注重对基础知识的考查仍是当下最主要的评价内容，知识考试代替素养评价倾向还比较严重。

二、平面化，显性表现代替综合评价

以口语交际评价为例，笔者对120名语文教师进行了关于“关注点”的调查，具体结果如图6-1-1所示。

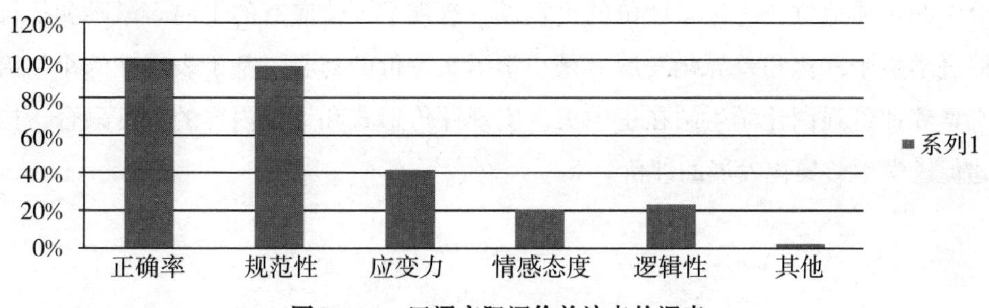

图6-1-1　口语交际评价关注点的调查

从图6-1-1中不难看出，在口语交际评价中，大多数教师关注的是学生答题是否正确，是否能得满分，而对“情感态度”“应变力”“逻辑性”等口语交际内在评价要素有所忽视，用简单的“对”和“错”把原本立体的、丰盈的评价扁平化，导致不能真实地评价学生的口语交际能力。

三、伪情境化，机械应试代替真实体验

笔者对学生最喜欢的题型和得分率最高的题目进行了调查，调查结果显示，98%的学生喜欢试卷上的“口语交际”，而97%的学生竟是因为“口语交际”容易得分而喜欢它。事实也证明了这一点，笔者对某校三至六年级2200份语文试卷进行统计，“口语交际”得分率高达98.75%。

得分率为什么这么高？以“当看到有人在浪费水资源时，你会怎样劝阻？”一题为例，经统计，93.6%以上的学生给出了类似“如果不节约水，最后一滴水将是人类的眼泪”的统一化答案。这显然是一个伪情境命题，学生节水意识能否得到真正意义上的提高依然是一个问题。因此，学生毫无创意的、机械式的应答使得应试的色彩依旧浓重。

四、标准化，忽视学生真实存在的差异

考试时，我们常会看到这样的情景：面对一张试卷，有的学生一挥而就，有的学生则一筹莫展。一筹莫展者曰：“考的都是我不会的，我会的都不

考！”一挥而就者则曰：“题目都是老师讲过的，答题都是有套路的！”事实上，用一张试卷测量心智发展处在不同水平的学生，会扼杀学生的创造性和个性化表达。

综上所述，传统的纸笔测试评价过度强调甄别选拔功能，忽视了学生在评价中的主体地位，忘记了评价的出发点，忽视了评价应有的走向。激励和扬长促进学生个性化和差异化发展应是小学语文评价的初心。基于表现性的小学语文素养评价强调让学生站在正中央，实现评价形式和评价内容的深度融合，构建促进学生差异化发展的评价。

表现性评价：让儿童语文素养评价走向“过程化”

孔子强调“因材施教”。美国学者格朗兰德认为，评价是行为方式的描述加行为方式的价值判断。欧盟、美国等国家进行了核心素养的评价实践。这些理论与实践揭示了一个规律：评价应从形式和内容两方面改革。从语文学科的性质来看，语文是实践性很强的学科，与之相适应的评价也必须是在实践中进行的表现性评价。

一、表现性评价的概念厘定

语文表现性评价是将评价应用于教学始终的一种评价方式。具体地讲，就是让学生完成真实性或模拟生活真实情境的语文任务，由评价者按照一定标准对学生在完成表现性任务中涉及语文的各种因素和现象做出价值判断的一种评价方式。语文表现性评价关注过程、关注差异，把学生当成一个个鲜活的发展个体来看，突出了双方民主平等的地位，强调了对学生的理解与尊重，期待互动中的生成。发展学生的核心素养是成就“全面发展的人”最关键、最必要的基础素养，这理应是教育变革和回归的“重中之重”。落实到语文学科，语文素养更是“重中之重”。因此，表现性评价是对传统纸笔测试的补充和创新，它既明确了教育对语文的诉求（发展学生语文素养），也明晰了诉求达成的路径（关注个体差异，进行最直接、最清晰的互动）。

二、表现性评价的价值缕析

表现性评价是对学生的发现、唤醒、点燃、激励，是助学生“自我价值实现”的阶梯。

1. 表现性评价，让学生站在正中央

面对面的评价是基于对学生生命呵护、成长尊重的评价。学生在真实的情境中和语言环境中实践，可以促进自己更好的发展，其核心价值取向是真正地让学生站在正中央，促进学生全面、自信、有个性的发展。

2. 表现性评价，让扬长谱写主基调

面对面的评价强调多用几把尺子衡量学生，用能衡量出学生真实成长的尺子衡量学生。由于是面对面的评价，学生偶尔的失误被允许“再测一次”；由于是面对面的评价，学生也可以提出“秀一下”来个加分项。教师要善于发现学生的潜质，发现学生的特长，发现学生未来可能的优势。这样的评价有利于促进学生差异化的发展。

3. 表现性评价，让核心成为核心

《义务教育语文课程标准》指出，要使学生具有适应实际需要的识字写字能力、阅读能力、写作能力、口语交际能力，正确地理解和运用祖国的语文。阅读力、理解力和表达力是语文学科的核心素养。表现性的评价主张从繁杂的语文体系中萃取最有价值的为学生一生发展奠基的关键能力和必备品质进行评价。这样，既减轻了学生过重的学业负担，又使得关键能力和必备品质得到强化，让核心真正成为核心。

表现性评价的实践路径

欧盟、美国、澳大利亚等国家和地区都强调母语学习的重要性，把交往（口头语言和书面语言的运用）和阅读能力确定为终身学习的基本技能。《义务教育语文课程标准》把“理解和运用”语文作为关键能力。表现性评价是合适的评价，可以促进每一个学生的成长。

一、评价项目化，聚焦学生语文关键能力的培养

语文关键能力是核心素养的下位概念，要实现对关键能力的精准评价，项目化评价是一条有效途径。

1. 评价项目模块化——题目变项目，评价学生语文素养

传统写字测试是以卷面分的形式呈现的，只能对结果进行评价，至于学生的书写习惯、过程、状态等无法评价。比如习作，我们常常会听到学生考试后惋惜地说：“前面题目太难、太多，习作没有时间好好写。”学生的惋惜折射出传统测试的不合理性不科学性。基于表现性的评价是由很多要素所组成的复杂大系统，而这些要素中最核心的就是语文核心素养。人的行为是多维度的，全方位地采用分析与综合方法尤其必要。为此，我们采用“现场考查加纸笔测试”的项目化形式全面评价学生的语文素养。

如图6-3-1所示，我们对评价这个复杂系统中的诸要素进行了项目化处理。之所以这样处理，是因为我们觉得写字、阅读、口语表达、习作既有不可分割的关系，又有其独立性和独特性。根据不同项目的特性，进行项目化处理，合理选择现场考查和纸笔测试两种形式进行评价，能精准而全面地评价语文素养，评价更趋公平、科学。项目化处理后，学生就可以专注做一件事，消解其他项目带来的干扰。

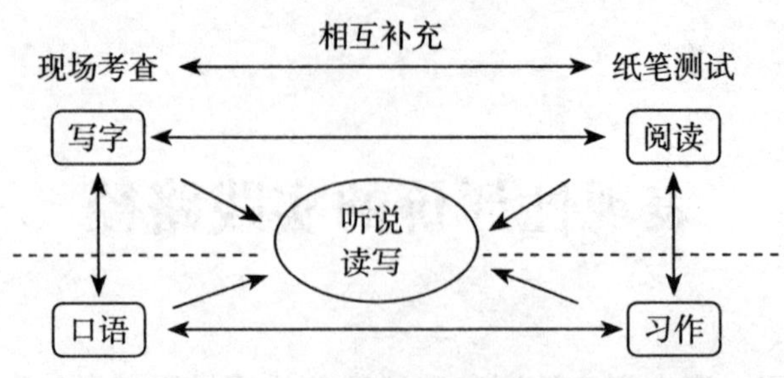

图6-3-1　基于表现性的语文项目化评价系统

2. 评价项目序列化——螺旋上升，评价学生语文成长样态

根据学生认知水平、年龄段的特点及教材的编排，对一个项目，进行系列化再分解，使评价项目呈现丰富且具有内在联系的样态。学生可根据自己的实际进行选择，实现能力的螺旋上升。如口语表达，根据不同的年龄段，设计了不同的评价项目，如图6-3-2所示。

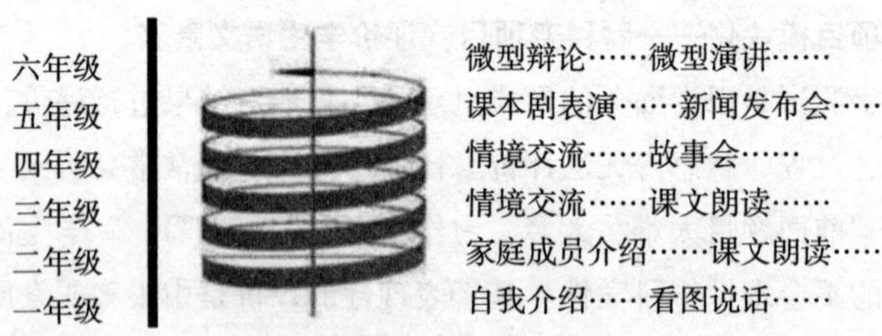

图6-3-2　口语交际评价分年级项目

3. 评价项目菜单化——自主选择，评价学生语文特长发展

我们倡导激励性的“扬长”教育，而如果评价过于封闭和单一，强迫学生被动接受评价，就会挫伤学生的积极性，扼杀学生的创造性。不同的学生在某些方面总会表现出一些优势。因此，评价内容和评价方式要体现多样性，鼓励学生积极自主地选择适合自己的项目和形式“认识自己”。

表现性评价列出“评价清单”，评价清单分为必测项目和选测项目，学生选择选测项目的过程就是认识自己的过程。学生可以把自己的“优势”发挥出来，体会成功成长的愉悦。

“所有的教育改革项目，都应该指向学生核心素养的养成及其一生的发展。”教育评价理应“指向学生核心素养的养成及其一生的发展”，表现性评价最终要落实到语文“关键能力”这个“重中之重”。项目化评价不是对传统试卷的简单拆解，而是规避了传统评价的弊端，是对语文关键能力的缕析与凸显，体现了对学生成长规律的把握和尊重，为学生的明天和“一生的发展”服务。

二、评价多维化，关注学生必备品格的濡养

标准化是教育评价测量时代的主要特征和追求，然而，这种以定量分析为主要手段的评价方法对于语文学科和人的个性化发展，呈现出人文精神不足的倾向。我们认为，要认识到评价的多样性和复杂性，标准化评价方法要和人文科学方法相结合，构建符合语文学科特性的理性与人文并重的评价标准，是语文评价的当务之急。

1. 关注知识形成的能力——形成综合运用知识的能力

能力是对知识的运用，知识是能力的基础。知识分为语文知识和生活知识。在表现性评价中，要注意考查学生综合运用知识的能力。比如在进行“我来当导游”的口语交际评价时，可让学生尝试运用不同的方式宣传美丽家乡连云港，以考查学生“学以致用”的能力。有的学生自制专题片做现场介绍，有的学生则以自创诗歌、朗诵诗歌的形式呈现家乡的环境美、人文美，还有的学生把《在海一方》《大海呀故乡》等歌曲作为背景资料融入有声有色的介绍之中。学生把所学的知识运用到口语交际实践中，言之有物，言之有情，使语言交际水平得到了明显提升。

2. 关注结果产生的过程——立体互动评价学生

传统评价的单边性不能反映学生在评价过程中的表现，只能使人们过多地关注结果。表现性评价强调在互动中的评价，这就使评价更加关注过程成为可能和必然。在评价时，综合考量学生的表现，如达成结果的过程中学生所采用的方法、自信心、表达力等，可更加立体地评价学生。而且在面对面的评价中，教师可以及时对学生进行指点、激励，甚至帮助，从某种意义上说，评价的过程也是学生学习、成长的过程。

3. 关注评价发生的主体——让学生重新认识自己

“当局者迷，旁观者清”，长期以来教师掌握着评价的权杖，学生一直处

于被评价的被动位置。学生是事件的亲历者，自然感受最深。这时就要充分发挥学生的作用，鼓励他们互评、自评，把互评和自评当作教育的资源，让学生在评价自己的过程中加深对知识的理解和运用，重新认识自己。

综上所述，在评价时要多维度考量制订评价标准。以微演讲的评价为例，既要考虑学生合理运用知识的能力、表达的能力等，又要考虑学生在这个多维度、动态性的活动过程中表现出的情感、态度、价值观等；既有教师的评价，也有学生的自我评价。可制订如下评价量表，见表6–3–1。

表6–3–1　六年级微演讲评价表

一级指标	二级指标	权 重	优 秀	良 好	合 格	再努力
演讲内容	紧扣主题，结构完整	0.1				
	内容充实，语言规范	0.2				
语言表达	口齿清楚，语言流畅	0.1				
	语气语调，节奏恰当	0.2				
	普通话标准	0.1				
第二语言	表情动作，恰当得体	0.1				
	仪表端庄，充满自信	0.2				

三、第四代教育评价，触摸学生个性成长的生命质感

《义务教育语文课程标准》强调，语文是实践性很强的课程。在实践中学习语文，当然离不开情境。美国学者库巴和林肯教授提出的“第四代教育评价”强调，将健全的、有个性的人视为评价对象，主张从个人发展的需要和实际情况出发，通过评价活动促使人的个性充分展示。

1. 评价要关乎学生生活

我们要努力营造一个评价的场域，这个场域是民主、平等、自由的，生活“真实”发生。这个场域越“真实”越好，要让学生感受不到因评价而带来的压力与不安。比如，口语交际测试“当你看到有人在镜园采摘海棠花时，你会怎样做？”时，教师就可以带领学生到学校的花园进行情境再现，让学生根据实际情况做出自己的价值判断。有的学生觉得海棠花在生长，要小心呵护，慢慢欣赏，不能采摘。于是有了“花儿在比美，请您别打扰它”的劝告；有的学生认为海棠花就是创作的绝佳素材，于是有了一篇篇佳作、名画的诞生；也有的学生关

注行为习惯的养成，于是有了“我们要讲究公德，就算拍照也不要摇晃或者触碰花儿，更别乱扔垃圾”的善意提醒。学生完全将自己置身于创设的情境之中，做出了自己的合理选择。这不就是口语交际的要义——在生活中与人交流吗？

2. 评价要来自学生需求

“自我价值的实现”是人的最高需求。这种需求得到满足，人的内心才能实现所谓的“高峰体验”。如微型演讲测评前，在学生中进行话题的征集：生活中，总会有许多事件、现象引发你的思考，请你把自己的思考提炼成话题写下来（不少于3个）。最后提炼出12个学生最感兴趣的微型演讲话题。这些话题来自学生，学生产生了表达的需求，因此，学生不但做到了有话可说，而且表达有深度。

表现性的评价改变了传统纸笔测试的“学生解答→试卷←教师批改”模式，创设极具生活化的情境，让学生在一定的场域中进行生活再现式的评价，有利于收集学生的发展过程、状态信息，进而进行深层次的分析、诊断，有利于个性化的分类培养。

四、评价多元化，让学生成为独特的“那一个”

学生的发展总是存在一定的差异。基于表现性的评价首先要承认学生之间存在的差异，并利用好真实存在的这些差异，为每个学生设计一把尺子，量身定做最适合他成长的评价，让学生在评价活动中把自己的才智和潜能都激发出来，成为最好的自己。

1. 申请“免考申请单”——激发学生扬长的内驱力

学生在某方面成绩突出，达到免考标准后，填写“免考申请单”（见表6–3–2），提供相关学习成果，经科任老师审核后即可免考。

表6–3–2　语文学科免考申请单

姓　名		班　级	
申请免考项目			
（在相应项目后打“√”）	写字（　）朗读（　）口语交际（　）习作（　）		
免考理由陈述 （须提供佐证复印件）			
审核结果		审核老师签名	

学生刘涵：这学期，我写字考级达到七级，获得了写字免考资格，我好开心！

学生刘真言：我参加市朗诵比赛获得了一等奖，这学期朗读免考了。我要继续努力，争取在更大的舞台发出最美的声音。

学生于可馨：经过一学期的努力，我有两篇习作发表在《苍梧晚报》上，在妈妈的帮助下出版了我的第一本作品集《馨香文集》，这学期获得习作免考资格。长大了，我要成为莫言、曹文轩那样的作家。

实践证明，免考制度极大地激发了学生努力扬长的内驱力，强化了学生在学习过程中的某些兴趣，为明确今后的发展方向提供了一种可能。因此，免考制度既是强调结果的评价，也是注重过程的评价。

2. 申请重测制度——增强学生学习的自信心

测试具有一定的偶然性，它受测试题目难易程度、学生当时的情绪等诸多因素的影响。评价教师要能在面对面的测试中防控这些因素对学生产生负面影响，当学生对自己的表现不满意时，可以提出更换测试题目或重测的申请。重测制度，给学生多次测试的机会，其目的就是增强其学习的自信心，拒绝“一考定终身”为学生自信成长营造宽松的环境氛围。

3.“成长即优秀”——不用一把尺子衡量学生

学生的发展总是存在着一定的差异，用一把尺子评价是量产思维，不能真实反映学生个体的成长状况，容易挫伤学生成长的兴趣和自信。这就要求我们寻找适合学生发展的那把金尺子。基于表现性的面对面评价，测试教师要综合考虑学生原有的素养水平和学习态度等，特别是对一些基础薄弱或学习有暂时性困难的学生，要按照“成长即优秀”的要求，对学生的成长状况给出真实的个性化评价，激励学生不断从优秀走向更优秀。

世界上没有两片完全相同的树叶，也没有完全相同的人，每一个学生都是独一无二的，他们都有自己的个性特点和发展潜能。小学语文表现性评价站在生命成长的高度，充分释放学生的潜能，增强其自信心，使其产生浓厚的学习兴趣，充分扬长，不断提升综合素养，丰盈生命成长的不同样态，实现自我的建构，成就不同的“我”。

（此文发表于2019年5月《江苏教育》）

小学语文课外作业差异化评价探究

《国家中长期教育改革和发展规划纲要（2010—2020年）》指出，“关心每个学生，促进每个学生主动、生动活泼地发展，尊重教育规律和学生身心发展规律，为每个学生提供适合的教育”。然而，研究专家指出，落实语文核心素养“最难的地方是评价”。平时的教学实践中我们的语文作业评价都是统一的方便教师批改的形态，不利于关注学生的个性发展。因此，我们非常有必要站在“为学生的学习”的立场上去探索改革，尽最大努力做到“为了每一个学生 的发展”。

一、现状：小学语文课外作业对话式评价缺失的调查分析

目前师生在小学语文课后作业活动中存在着许多矛盾，因此笔者针对学生对于教师语文课后作业的批改期待程度进行了一次调查，调查对象为某小学六年级在校学生。在问及学生是否希望教师经常在作业本上写评语时，学生的期待程度整理总结如图6-4-1所示。

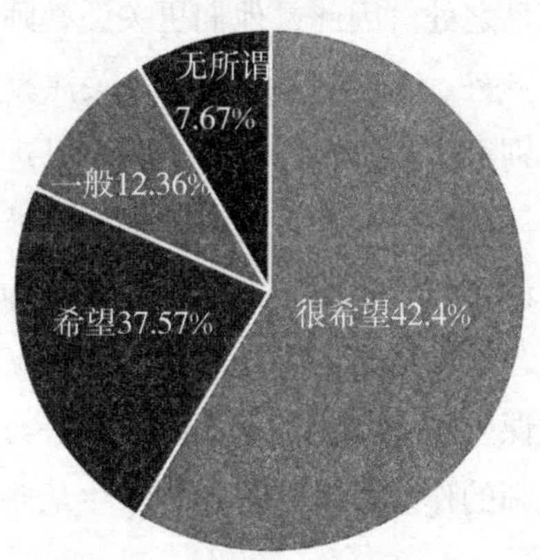

图6-4-1　期待程度整理总结

图6-4-1表明，42.4%的学生很希望教师在作业本上写上评语，有37.57%的学生希望写，仅仅有12.36%和7.67%的学生认为一般或无所谓。这说明很希望教师给自己写评语是绝大多数学生的期待。因为学生更希望得到老师的关注与鼓励，也期待着老师能够及时地发现自己课后作业中做得不好的地方并指出，写下鼓励性的评语或话语。笔者又对某小学六年级学生进行课外作业批改关注点的调查，在问及学生更关注做错的题目、等级、分数，还是教师给出的评语时，学生关注程度如图6-4-2所示。

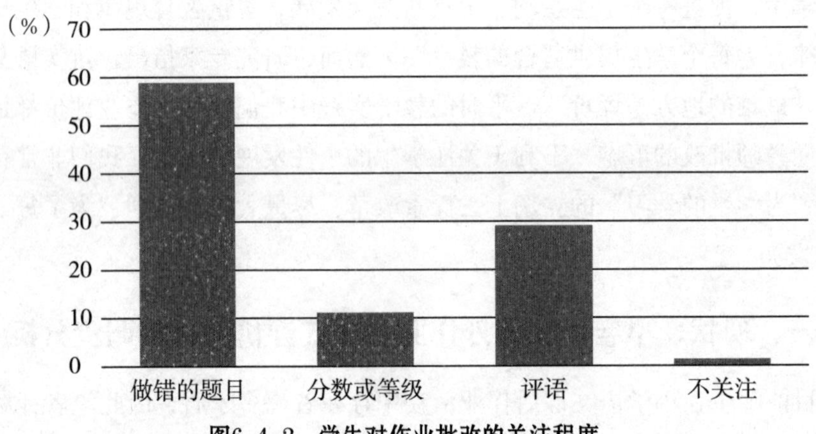

图6-4-2　学生对作业批改的关注程度

图6-4-2表明，教师在批改语文课后作业之后，大多数的学生关注的是自己做错的题目，学生并不是特别在意一个等级或者分数，而是希望自己能清楚自己课后作业错误或不足之处。因此，他们更关注教师是否注明或者指出他们课后作业的错误之处。此外，有将近30%的学生关注教师给自己的评语，位居第二位。这说明学生特别渴望教师在作业本上与自己进行交流与对话，只要教师在作业本上留下一些评语或者对话，学生就能受到鼓舞，大大提升他们的学习兴趣。因此，在课后语文作业批改方面，学生对教师批改的要求期望除了标明做错的题目，更希望与教师进行心灵情感的沟通与交流，这样学生对今后该教师布置的每一项语文课外作业都充满了无限的期待与饱满的兴趣。因此，笔者又调查了学生喜欢教师的作业批改方式，让学生最多选取三种。学生的选择结果见表6-4-1。

表6-4-1　学生喜欢的教师作业批改方式

项 目	正误判断	改分数	评等级	订正错误	写评语	面批
人 数	107	60	46	145	179	100
比 例	16.8%	9.4%	7.2%	22.8%	28.1%	15.7%

结果发现，写评语、订正错误和面批是学生最喜欢的作业批改方式。

教师在批改语文课后作业时评价方式存在以下三个弊端。

1. 评价方式机械（见表6-4-2）

表6-4-2　传统的教师批改方式

项 目	正误判断	改分数	评等级	订正错误	写评语	面批
人 数	232	35	172	56	70	11
比 例	40.2%	6.1%	29.9%	9.7%	12.2%	1.9%

表6-4-2说明，教师常用的评价方法是正误判断和评等级，改分数和面批作业往往不受教师的青睐，批改方式过于机械、单一。

2. 忽略个性化评语的使用

教师是否会给学生的课后语文作业写个性化的评语呢？笔者继续对该学校六年级的学生进行调查，结果如图6-4-3所示。

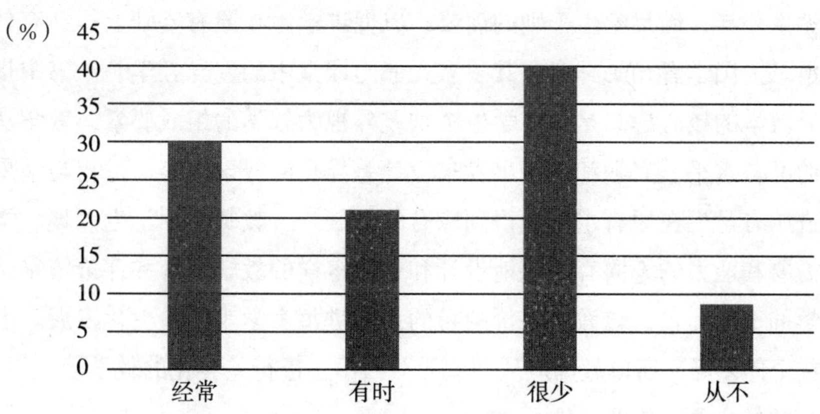

图6-4-3　教师写评语情况

图6-4-3表明，教师对学生语文课后作业的评语使用频率并不是很频繁。图6-4-1、图6-4-2显示，大部分学生的期望是语文教师能够在自己的课后作业上写相应的评语。然而通过该调查发现，语文教师对学生写评语的情况并不是很

乐观，他们忽略了评语是促进师生心灵与情感沟通的重要途径与手段。

对于班级成绩较好或者中等的学生，教师一般喜欢或乐于给他们写评语，但是对于班级内的后进生，教师通常并不关注他们的进步，甚至有的教师会对他们的语文课后作业进行批评性评价，很少有教师关注这些成绩有待提高的学生。还有的教师对学困生几乎是放弃的状态，更加缺少对他们进行一点一滴的引导。

3. 面批的指导方式不当

“面批”顾名思义，是一种当面指出学生课后作业中存在优缺点并给予一定指导的作业批改方式。这种面批式的作业批改方式对学生的课后作业尤其是语文作业指导更有针对性，可以让学生深刻了解自己存在的不足，并及时改正。正确的面批指导方式可以使学生在感情及心理上体会到教师的关注及关爱，从而激发学习自信心。然而，许多教师将面批作为批评学生的直接途径，不仅让学生心灵受到伤害，也让学生对作业的期待值大大下降。

二、小学语文课后作业差异化评价概念厘定

1. 差异化教学

差异化教学在华国栋所著的《差异教学论》中被定义为：在班集体教学中立足学生差异，满足学生个别的需要，以促进学生在原有基础上得到充分发展的教学。美国学者汤姆林森在其《多元能力课堂中的差异教学》一书中指出：“差异教学的核心思想是，将学生个别差异视为教学的组成要素，教学从学生不同的准备水平、兴趣和风格出发来设计差异化的教学内容、过程与结果，最终促进所有学生在原有水平上得到应有的发展。”教师根据学生兴趣、学习风格、需要和能力的不同有意识地设计和选择多样的教学内容和评价策略是差异化教学的重要途径，该教学评价的目的是促进每个学生的最大化发展。因为学生存在个体差异，所以教师应从“差异”入手，进行差异化的教学。

2. 差异化课外作业评价

杨璐在《给予学生个别需求的作业差异化策略》中指出，差异化作业不应只是试图改变作业量、难度和时间，还要有吸引力、有趣，能发展和展现学生各自的特长。李金香认为，小学英语差异化作业是指教师在设计、布置作业时，根据不同层次学生的各种情况，如课堂表现、掌握程度、已有水平等，设

计出不同目标、不同内容、不同要求并适合各类学生的作业。差异化课外作业评价是指教师不仅要布置适合全班大部分学生的作业，而且要考虑学生能力、成绩、兴趣、课堂表现和优缺点等，有针对性地对个别学生或小组布置课外任务并进行多方位的作业评价。这种评价方式的初衷是尊重差异。

三、差异化语文课后作业评价的价值缕析

1. 差异化作业评价是尊重学生差异的需要

教师进行差异化的语文作业评价对学生会更有针对性，会让学生感到老师是关注自己的，在让学生感受到被关怀的同时，让基础薄弱的学生更快地赶上班级的大部队，也满足了掌握程度相对较好的学生的学习需求，使其获得了愉悦感和成就感。教师的差异化作业评价是对学生的赞赏与鼓励、关心与期待。这种持续的人文关怀和情感交流会让学生在无形之中产生动力，有利于学生的进步与发展。

2. 差异化作业评价是发展学生个性的需要

传统的“一刀切”式的作业布置和批改方式时时处处压制着学生个性的发展。学生对教师统一化的、单一的批改方式已经失去了期待与兴趣，他们辛辛苦苦写出来的作业更多的是想得到一种不一样的鼓励与肯定。而差异化作业评价是对学生个体差异的一种肯定与激励，这种评价方式不仅让学生有动力去完成作业，也有利于不同学生更好地去锻炼他们的各种能力，这是适应学生个性发展的需要，站在学生的立场去评价。

四、从批改走向对话：小学语文差异化课外作业评价策略探微

（一）微型评语，建立“为学生的学习”的新立场

1. 趣味式评语，让学生成为独特的那一个

教师通过写一些活泼风趣、智慧、融通的作业评语，与学生进行心灵和情感上的交流与对话，将课后语文家庭作业本当成师生共同切磋的小天地。这种“趣动式”的批改模式使学生产生了浓厚的兴趣与乐趣，很好地促进了师生互动。从简单地批改作业走向人文互动，架起师生心灵沟通的桥梁，从批改走向对话，促进了学生与教师智慧的碰撞。趣味式作业评语应满足以下条件：

（1）有目的性地批改：制订好固定的批改标准，实事求是。

（2）正面性地评价：教师以赏识为主，不挖苦讽刺学生，与学生保持情感的交流。

（3）耐心地指点：及时指出学生的错误或不足，循序渐进地教会学生相应的学习方法。

（4）暖心地关怀：架起师生心灵共生的桥梁，对学生的点滴进步或退步及时关注。

（5）理智地交流：教师与学生共同成长，在趣味评语中让师生之间知识、智慧和思考的火花得以碰撞。

2. 从批改走向对话，让学生成为最自信的那一个

如果说趣味式批改促进了师生间的交流与对话，那么教师就可以对学生的语文课外作业进行双向设计与双向批改。比如，教师在布置和批改学生作业的同时学生也可以给教师布置一些简短的练习并对其进行批改。当遇到有争议的题目时，允许师生之间有不同的理解、解答和评价。这一方法如果可以正确地实施运用，那么将会大大提升教师的教学效果。

3. 高手过招，让学生成为最耀眼的那一个

教师与学生在作业批改活动中是平等对话的关系，学生在作业中可以与教师一起探讨一些问题，必要时也可以鼓励学生从课标的角度出题给教师或其他同学进行解答。学生用多种形式自由地展现才艺、直白地说出自己的想法、悄悄地倾诉生活中的苦恼都是作业评价的内容；作业本上学生不仅可以留言，而且家长、亲戚朋友也可以留言。在同一作业本上畅谈个人喜好、交流心得、讨论事件、评说新闻，甚至谈谈彼此对人生、对社会、对做人的想法是师生之间沟通对话的良好途径。教师要站在学生的立场上，真正尊重每一个学生的差异。

4. QQ表情替代常规等级，让学生成为最欣喜的那一个

有时教师的工作非常烦琐，过多的文字评价可能会压得教师喘不过气来，这时教师可以从QQ表情包中获得灵感，在学生的课后语文作业本中以表情形式告诉学生教师的评价与感受。笑脸意味着鼓励与愉悦；哭脸表明不太理想，须再努力……这种方法减小了师生的压力。将生动的表情符号用于作业批改的评价方式让学生语文课外作业本充满了浓浓的温情。学生更容易理解和接受这些可爱的表情符号，比教师传统的评价方式（对号和叉号）直观得多，也温和得多。

5. 启发式对话，让学生成为最豁达的那一个

小学高年级阶段的学生更关注作业批改过程中师生间的对话与交流、思维智慧火花的碰撞。教师要善于分享自己的见识、观点、阅历和心路历程，学生敢学敢问，问学作业就在师生之间不断的反思与追问之中产生。批改时教师通过阅读学生新鲜化的题材与观点，从而用评语的形式和学生进行思想的交流，这样的语文课外作业评价将师生间的对话推向更深的层次。

（二）面批评价，聚焦“为学生的学习”的新方法

学生的语文课外作业中或多或少存在一些错误，或者是用评语对话的形式很难表达清楚教师的意图，或者长期进行批语不见成效，教师就可以采用给学生面批作业的形式进行指导。教师通过与学生面对面的交流对话，告知学生在课后作业批改中存在的问题并逐一指导他们如何进行二次订正，方便教师进行复批。对于学习基础较好的学生，教师可以在原作业的基础上提出新问题，让学生进一步进行深度思考，培养他们深度学习的能力。教师可以选择两到三名语文课外作业质量长期无法提高的学生进行“面批”。学生多次作业错误率较高、作业态度不端正等情况也要及时进行“面批”。可以对作业中出现共性问题的学生集中“面批”，也可以单独对某位学生存在的问题进行指正或交流。这种师生面对面交流的方式不但让学生感受到教师是爱自己、关心自己的，还可以与学生进行思想和情感上的交流，让教师及时了解学生出现问题的原因，从而走进学生的内心，帮助学生改正错误，争取更大的进步。在“面批”结束后，教师应观察学生作业的修改情况，如果学生有进步，应及时给予表扬与激励。

（三）“延时评价”，缓和“为学生的学习”的新矛盾

“延时评价”是指学生在语文课外作业完成质量不高或态度不理想时，教师暂时不给出相应的等级或者评分，而是通过把作业重新返还给学生让学生自己找出作业中的不足与错误进行修改或订正，直到正确或者学生个人比较满意时再将作业交给教师，教师再对其作业做出合理的评价和修改。如果学生一下子找不出错误所在，教师可以先用铅笔批改此次作业，给予评价或者评语，允许学生将错误的课外作业重做一遍，上交后由教师再做新的批改与评价，这种方法也叫“二次计分法”。当学生第一次没有完成好一项课外作业时，盲目地给学生打一个不及格的分数是毫无意义的，长此以往，学生会产生麻木心理，也会失去了对作业的期待与兴趣。这种允许学生犯错和改错的“延时评价”是一种对学生差异的肯定与尊重，也是缓和师生矛盾的重要途径。

（四）逐一评价，探索“为学生的学习”的新途径

丰富的作业批改方式和订正要求也是尊重学生个性化差异的必然要求，这种语文课后作业的评价方式要求：

（1）作业评价站在学生立场上，富有激励性。

（2）不仅重视对与错的评价，也要重视书写美观与作业态度的评价。

（3）既要对学生语文课外作业进行整体性评价，也要对个别题目逐题评价。学生拿到批改后的作业对自己的问题一目了然，同时形成有目标的追逐。

学生语文课后作业评价表见表6-4-3。

表6-4-3　学生语文课后作业评价表

姓 名	字 词	默写背诵	阅 读	习 作
	字音写正确			多读例文
	多查字典减少错别字		理解能力须加强	注意平时词汇的积累
	字音写准确	默写须加强		语句再通顺一些
	看清字形写正确		答题不完整	平时多注意词汇的积累
	字音写准确			注意查字典
	多查字典减少错别字	默写须加强		多注意平时字词的积累
	多查字典减少错别字		理解能力有待加强	语句不通顺

苏霍姆林斯基也说“儿童就其天性来讲，是富有探索精神的探索者，是世界的发现者……”自由和探索是儿童的天性，教育就是要顺应这一天性，坚守这一本义，引导并促进他们进一步去探索和发现。这就是我们应该立足的“儿童立场”。加德纳多元智能理论提道：“每个学生都有可以发展的潜力，只是表现的领域不同而已，对于学生最重要、最有用的教育方法，是帮助他寻找到一个他的才能可以尽情施展的地方，在那里他可以满意而能干。”尊重儿童的天性，正视儿童发展的差异，我们的作业评价应该尽快走出传统评价方式的束缚，给儿童一个个性化表达的阵地。给予儿童最真切的关怀与帮助，希望他们在面对每一天的作业时能够充满无限的兴趣与期待。

综合素养考查表

综合素养考查表见表6–5–1。

表6–5–1学生综合素养考查（试）安排（语文学科）

时间	12月29日下午第一节课	1月3日下午第二节课	1月9日下午第一、二节课	1月16日下午第一、二节课	1月23日下午第一节课	另行通知
项目	语文：写字（10分）	语文：朗读与交际（10分）			语文：写话与习作（30分）	语文书面测试（50分）
形式	1. 学校提供统一书写用纸，进行20分钟硬笔书写。低年级抄写课后生字，中年级抄写课后词语，高年级抄写一段话。具体内容另行通知。 2. 鼓励学生用毛笔书写，内容自定，现场书写。20分钟中、高年级分别不少于6个字、8个字	一、二、三年级随机朗读指定课文。限时2分钟，不少于两个自然段。也可以是合诵（2~3人），内容自选（课外），提倡配乐	四年级：课本微型剧，限时3分钟，角色不少于3个。或练习口语交际表演，限时2分钟，角色不多于3个	五、六年级：微讲或影视剧对白，限时2分钟。微讲内容从题库中随机抽取，题库提前一周告知。影视剧对白内容自选	学校提供统一作文用纸，限时40分钟（一、二年级20分钟），写话以看图写话为主	以积累运用和阅读理解为主。测试时间为50分钟（一、二年级40分钟）。总分为50分（含卷面分3分）。必背古诗词以本学期应背内容为主（下学期考查所有已背古诗词，不再单考一学期的），占10分。教材中出现的或必背的国学经典，占3分
评价	根据书写质量，分为优、良、合格三个等次。分别以10分、8分、6分计入总成绩。特殊情况为待合格，允许学生再测一次。仍不合格计3分	根据评价标准，分为优、良、合格三个等次。分别以10分、8分、6分计入总成绩。多角色的，分别评价。特殊情况为待合格，允许其再测一次，仍不合格计3分			根据评价标准，分为优、良、合格三个等次。分别以30分、26分、24分计入总成绩。特殊情况为待合格，允许其再测一次，仍不合格酌情计0~17分	42分以上为优秀，37~41.5分为良好，30分以上为合格，30分以下为待合格。综合成绩与前三项测试成绩汇总达85分以上为优秀，75分以上为良好，60分以上为合格

续 表

时间	12月29日下午第一节课	1月3日下午第二节课	1月9日下午第一、二节课	1月16日下午第一、二节课	1月23日下午第一节课	另行通知
项目	语文： 写字 （10分）	语文： 朗读与交际 （10分）			语文： 写话与习作 （30分）	语文书面测试 （50分）
免考	本学期参加书法等级考试且达到一定等级或参加校级以上写字（书法）比赛获奖的，免考。免考学生此项得满分。须提供证书	本学期参加过校级及以上朗诵、演讲比赛且获奖的，主持过校级大型活动（含升旗仪式领诵）的或参加年级组以上课本剧表演的，免考。免考学生此项得满分。须提供证书或证明			本学期在《苍梧晚报》等报刊发表2篇以上或有自己制作的习作集（18篇以上）（也可与其他同学制作合集，每人不少于18篇）的，免考。免考学生此项得满分。须提供复印件或作品集。每班限报5本作品集（同时提供大作文本参考），审核通过，予以免考	获市读写大赛一等奖的，凭证书加5分，此项为满分
组织	1. 年级组内学科教师交换监考，年级交换密封阅卷。 2. 如有学生选择毛笔书写，根据人数，单设考场。 3. 免考审核由教务处组织、集中公示	1. 教务处安排评价人员。 2. 免考审核由教务处组织、集中公示			1.年级组内学科教师交换监考。年级交换密封阅卷。 2.免考审核：作文集由监控中心审核、公示（上交截止时间为1月19日）。其他审核由教务处审核、集中公示	教务处统一安排考务、审核、公示

说明：

1. 写字免考级别要求为书法等级考试：一、二年级三级，三年级四级，四年级五级，五年级六级，六年级七级。注应为本学期参加的，否则，不予免考。

2. 所有免考的，须审核同意方可。

第七章

基于实践：差异化的语文课堂教学

尊重差异，正视不同，让阅读学习“真”发生

——《爱因斯坦和小女孩》第二课时教学设计

【教学设想】

《爱因斯坦与小女孩》是苏教版四年级下册第七单元第一篇文章。本单元三篇文章的主题是赞颂伟大人物和民族精神。课文记叙了小女孩与大科学家爱因斯坦“相撞—相邀—相处”的故事。全文没有一处提及大科学家的研究成果，只讲叙了他与一个小女孩儿相撞、相识、相处的过程，其目的是通过另一个角度反映爱因斯坦的伟大以及他为了科学事业而不拘小节的精神，表现爱因斯坦对科学事业的执着追求。课文情节简单，抓住典型的生活细节，通过人物外貌衣着、动作神态、语言等描写，凸显了爱因斯坦平凡品格中的伟大。

学生阅读能力高低不同，阅读方法各不相同。“真发生”的阅读，要尊重学生的差异，直面学生的不同，从学生“学”的起点开始，直指阅读最近发展区。课前调查显示，学生最想学习的问题各不相同，两个问题占比最高：一是爱因斯坦到底是不是一个伟大的人，占75%；二是爱因斯坦相关的故事，占68%。基于这样“学”的起点，结合写人记事类文章的特点，让学生从父亲、爱因斯坦、小女孩三个角度去读文本，尊重不同学生的多样化视角，让学生在矛盾冲突中感受爱因斯坦平凡品格中的伟大。及时补充爱因斯坦相关资料介绍，丰富学生对爱因斯坦的了解。同时，阅读中让学生感受抓住细节品读的方法，学习描写人物的要点。这样的阅读基于“学”，阅读得以真正发生。

【教学目标】

（1）指导学生有感情地朗读课文，感受人物对话的生动。

（2）品读爱因斯坦和小女孩儿的交往，感悟爱因斯坦潜心科学研究、幽默风趣、不拘小节的品质，体味爱因斯坦平凡中的伟大。

（3）理解人物语言、动作、神态和外貌描写对刻画人物性格的作用，渗透写作方法的学习。

【教学重难点】

品读文本语言文字，体会爱因斯坦潜心科学研究、幽默风趣、不拘小节的品质，体味爱因斯坦平凡中的伟大。

【教学过程】

（一）听写回顾所学，铺垫读文视角

（1）听写句子，注意行款及标点符号。

“孩子，你今天撞着了当今世界上最伟大的人。他是爱因斯坦！”

（2）对照屏幕内容，自查并及时修正。

（3）齐读，回忆这句话是谁说的。

点评：字词句是小学语文教学基础的基础。课始，从认真规范、注意行款地听写句子开启新课学习，既落实了课程标准要求的“练字的过程是学生性情、态度、审美趣味养成的过程”，又铺设了整节课品读文本的路径。

（二）不同视角读文，立体解读人物

1. 父亲眼中的爱因斯坦

（1）联系上节课所学，回忆这句话是谁说的，为什么这样说。

补充资料：

·26岁，成功解释光电效应，创立狭义相对论；

·36岁，创立广义相对论；

·37岁，提出引力波理论；

·38岁，开创现代宇宙学；

·42岁，获得诺贝尔物理学奖；

·1999年，被美国《时代》周刊评选为“世纪伟人”；

……

（2）小结：一个单凭任何一方面成就都足以让世人敬佩的人，难怪“爸爸”兴奋地说“他是当今世界最伟大的人”。

2. 爱因斯坦眼中的爱因斯坦

（1）同为成人，爱因斯坦是怎么评价自己的呢？

“噢，他只讲对了一半，我是爱因斯坦，但并不伟大。”

（2）说说你对爱因斯坦这句话的理解。（不伟大）

（3）补充资料：

“我完全知道我没有什么特殊的才能。兴趣、专一、顽强地工作，以及自我批评使我达到我想要达到的理想境界。”

“我自己不过是自然的一个极微小的部分。”

（4）同为成人，为什么对爱因斯坦有不同的理解？爱因斯坦确实伟大吗？

3. 小女孩眼中的爱因斯坦

爱因斯坦的“小老师”——小女孩，她眼中的爱因斯坦是什么样的人呢？

（1）浏览文本并提取信息：默读课文2~4自然段，圈画出小女孩对爱因斯坦印象的句子。

（2）交流直接描述小女孩对爱因斯坦评价的词句。

“嘿！这个人简直就是从我的童话故事书里走出来的。”

女孩直纳闷：这个连衣服也穿不整齐的人，怎么能是“最伟大的人”呢？

“我说也是嘛，瞧你，穿衣服还不会呢，怎么谈得上伟大？”

① 朗读三个句子，关注反问句；

② 试着将反问句改为陈述句，体会反问句强烈的感情表达的效果；

③ 总结小女孩对爱因斯坦的印象：不伟大。

点评：让学生从三个角度评价爱因斯坦，让学生多角度开放式阅读，给从不同阅读思考角度的学生创设可选择的思维路径。通过文本内容重组、学习资源补充，让每个学生都寻找到可以深入思考的内容。同时，不同的阅读角度，有不同的结论，矛盾冲突形成，学生进一步读文本的欲望被点燃，深入探究的兴趣被激发。因为矛盾，思考才更有针对性，才会更深入，有效阅读才有了发生的可能。

（三）关注细节读文，感受人物品质

（1）在小女孩眼中，爱因斯坦是一个什么样的人？

（2）对照要求，自主阅读。

读一读：默读全文，重点关注第2、5、6自然段。

想一想：从描写爱因斯坦外貌、语言、动作、神态的词句中，归纳出他有哪些特点。

写一写：把你读到的人物特点用关键词写下来。

（3）分板块交流一：外貌描写，感受不拘小节。

出示：老人蓄着一撮短而硬的小胡子，一双棕褐色的眼睛深陷在眼窝里，长着一头蓬乱的灰白头发。

只见他穿的衣服又肥又长，整个人就像裹在一张大被单里，脚下趿拉着一双卧室里穿的拖鞋。

① 抓住“一撮”“一双”“一头”“裹在”“趿拉”等词，感受爱因斯坦不修边幅、不拘小节的特点。

② 朗读并想象人物形象，渗透抓住典型特点描写人物的方法。

（4）分板块交流二：语言、动作、神态描写，感受爱因斯坦的幽默风趣。

出示：听了这话，爱因斯坦那深陷的眼窝里突然放射出温柔的目光。他低头看了看自己的装束，两手一摊，肩膀一耸，冲小姑娘做了个鬼脸：“你说得对，我是不会对付衣服鞋子这类玩意儿，但愿你肯教我。”

① 关注“一摊”“一耸”“做鬼脸”“但愿你肯教我”等动作描写及人物语言，感受爱因斯坦的幽默风趣。

② 做动作朗读，想象情境，感受人物特点。

（5）分板块交流三：关注文本散落的细节，感受谦虚、潜心研究。

出示：第三天下午，爱因斯坦在路边等待放学回家的小姑娘。

小姑娘看见他的时候简直吓了一跳，他整个变了一个人，按小姑娘说的那样穿戴得整整齐齐。

“呵，小教授，请你再教教我。”

从“等待”“按小姑娘说的”“整整齐齐”等词，感受爱因斯坦说到做到、不失约、乐意和孩子在一起的品格。

点评：阅读过程是一个由浅入深、由狭隘走向广阔的思考过程。开放可选择的阅读内容照顾了学生的差异，同时又让差异成了一种资源。学生的思考不再只限于表象，他们会主动联系前文所学，从自己的视角出发做出自己的判断。这样的阅读循环提升了学生阅读思维的品质。同时，让爱因斯坦平凡中的伟大这一形象根植于学生心中。

（6）品读这些语句，我们从人物的言语动作中感受到大人物身上平凡的品质。这些品质在我们普通人身上也大都存在。那么在你眼里，爱因斯坦到底是一个什么样的人呢？

（7）抒写自己的阅读感受：

我觉得爱因斯坦是（　　　　　　　　），因为（　　　　　　　　）。

（8）交流小结：虽然都是小细节，我们却能清晰地看到爱因斯坦的伟大之处。这就是写人物文章常用的写作方法：以小见大的。

点评：课文就是一个例子。这个例子如何用好，怎样从例子中学到离开课堂仍能让学生记住的知识？最好的方法是让学生学习后可以在学习中用到。这是最好的保存知识的方法。学习写作的方法并及时巩固运用，就是学生学习到的可以带到课外的方法。

（四）补充阅读，拓宽阅读学习之路

（1）你知道吗？文中小女孩名叫苏菲，她和爱因斯坦成了忘年交，还被普林斯顿大学的学生称为"上帝之手"。

（2）补充故事《仅仅是一把糖果》。

（3）读了这段文字，联系课文中的故事，你觉得苏菲能和爱因斯坦成为忘年交的主要原因是什么？

（正是小女孩的纯真可爱、真诚打动了大科学家，同时打开了大科学家的童心。）

（五）布置作业，延续阅读学习之路

你还想了解这位科学巨人其他的故事吗？《爱因斯坦传》会让你对爱因斯坦有一个全面的了解。

点评：阅读的学习，不仅在课堂，课堂只是点燃学生的阅读热情，让阅读热情尽情释放的是课外阅读。让学生带着课内燃起的了解爱因斯坦的期望，再次阅读《爱因斯坦传》，这样的阅读更具有针对性，能激发学生学习的情感动机，让阅读学习得以延续。

【专家总评】

本节课既完成了既定的教学目标，又充分利用了课堂的生成，其中两个方面给人的印象深刻：

其一，关注差异确定目标，让每个学生都学有所得。教学目标达成与否，是检验一节课教学效果的唯一标准。教学中，根据学生学习风格的差异，用多种朗读方式落实了"读"的目标。大声朗读、默读交错，个人读、齐读交互，学生在朗读中体会了人物形象，内化了语言。根据学生思维方式的不同，让学生从父亲、爱因斯坦、小女孩三个角度品读文本，从而达成认识人物、感受人物品质的目标。评析文本抓住外貌、语言、动作、神态等细节描写，在潜心阅读文本中达成习作方法渗透的目标。

其二，利用差异整合资源，让学生语用能力更强。课文大量人物外貌、语言、动作、神态的细节描写，是学生学习“语言文字运用”很好的范例。通过重组文本材料，利用学习风格不同的差异资源，引导学生从多种阅读方式中品析文字，如透过外貌描写，感受爱因斯坦生活中的不拘小节；透过“一摊”“一耸”“做个鬼脸”等动作，感受爱因斯坦的幽默风趣；抓住几次语言描写，体会爱因斯坦的谦虚好学……一次次在透过词句品味细节描写的过程中，爱因斯坦“平凡中的伟大”这一品格已深入学生脑海。教师及时点拨、提炼，让学生在交流中体会描写人物如何抓细节，学有所长让阅读学习真正发生。

尊重差异：重要的是方法

——《滴水穿石的启示》教学设计（说理文）

【教学设想】

共生与差异的语文课堂，是焕发生命活力的课堂；共生与差异的语文课堂，是交流与分享学习成果的课堂；共生与差异的语文课堂，是学生在思维碰撞中习得学习方法的课堂。依据这样的教学理念，本着“品读事例，明了启示，习得方法”的教学思路展开教学，着眼于学生习得说理文的写作方法的指导。

【教学目标】

（1）朗读课文，明白文章如何运用具体事例阐述滴水穿石的道理，并能联系生活实际谈谈自己的收获。

（2）学会说理文的写作方法。

【教学重难点】

重点：引导学生凭借课本具体的语言材料懂得要实现美好的理想就要做到目标专一而不是三心二意，持之以恒而不是半途而废。

难点：抓住课文的重点词句理解课文，领悟滴水穿石的启示，以文化人，并能学会说理文的写作方法。

【教学准备】

（1）课件制作；搜集名人事例，用以说明滴水穿石的道理。

（2）学生预习，完成《同步导学》相关习题。

【教学过程】

（一）谈话导入，紧扣观点

（1）同学们，今天我们继续学习第22课《滴水穿石的启示》。（生齐读课题）

（2）通过上一节课的学习，我们知道了这是一篇说理文，那么说理文的特点就是先提出观点，然后举例论证，最后得出结论。那你们还记得作者提出的观点是什么吗？

（水滴的力量是微不足道的，可是它目标专一、持之以恒，所以能把石块滴穿。如果我们也能像水滴那样，还有什么事情做不成呢？）

（板书：目标专一、持之以恒。）

（3）过渡：是呀，这小小的水滴，滴穿的是石头，滴出的是精神！那课文中作者为了证明这个观点，为我们列举了哪些事例呢？

（李时珍、爱迪生、齐白石、雨水。）

点评：课堂伊始，谈话导入，激起学生阅读的兴趣，让他们积极主动地投入读书活动中，让学生回顾旧知，找出文中作者的观点。紧扣观点，追问“那课文中作者为了证明这个观点，为我们列举了哪些事例呢？”从而产生本节课教学的主话题。

（二）品读名人，感悟道理

出示：

合作探究：

这是一篇说理文，作者是怎样通过三个名人事例证明自己的观点的？他又为什么要列举雨水的事例呢？

学法提示：

默读课文第3自然段，用笔在课文中画出体现三位名人目标专一、持之以恒的关键词，并把自己的点滴感悟写在书中的空白处，然后和小组内同学交流。

（1）放慢阅读的脚步，一起走进这三则故事。请同学们对照上面的学法提示自学第3自然段。

（2）学生自学、探究。教师巡视。

（3）小组交流，全班交流学习所得。

点评：学习是学生内部发生的事情，学生有一个根据原有认知结构与从文本中接收的感觉信息的相互作用主动建构新的信息意义的生成过程。这个过程也就是消化吸收产生新知的过程，它需要静思，需要时间。如果学生读书没有充分思考，哪儿说得出来“精彩”呢？

1. 品析李时珍的事例

出示句子：明代著名医学家李时珍，从小立志学医。他翻山越岭，走遍了大半个中国，访名医，尝药草，经过二十几年的不懈努力，终于写成了药学巨著《本草纲目》。

（1）请同学们细细读一读这句话，你从哪些词语可以感受到李时珍像小水滴那样有着目标专一、持之以恒的精神？（抓住“翻山越岭”“访名医”“尝药草”“二十几年”等关键词，引导学生谈感受。）

（2）你从这段话中还能读出什么？（从“终于”看出他写《本草纲目》很不容易，也看出他坚持不懈。）

（3）在这二十几年中，他做了哪些事情呢？

（他“品尝药草，翻山越岭，走遍了大半个中国”。从这些事情中我感受到李时珍走的路很长，很艰辛，也能感受到他目标专一、持之以恒的精神。）

（4）李时珍也就是靠着这种目标专一、持之以恒的精神才写成了《本草纲目》。那他在这二十几年中会遇到哪些困难？

（5）李时珍写《本草纲目》容易吗？他放弃了吗？那谁能把这种精神通过读体现出来呢？（指名学生读）

（6）同学们，老师这儿有一段文字，请看：

出示句子：《本草纲目》全书52卷，共有190多万字，记载了1892种药物，绘图1100多幅，其中374种是李时珍新增加的药物。书中附有11096个药方。

① 同学们，你发现这段文字的语言特点了吗？（数字特别多）

② 那通过这一串串的数字，你又能感受到什么？

③ 同学们，你们觉得李时珍与水滴之间有关系吗？

④ 李时珍的事例能证明本文作者提出的观点吗？

2. 品析爱迪生的事例

刚才我们一起探讨了李时珍的事例，我们抓住关键词句来体会李时珍的目标专一、持之以恒的精神。下面爱迪生、齐白石的事例，老师想请两个小组按照这种学习方法分别来为我们讲解一下，这两个事例能说明作者提出的观点吗？为什么？从哪些词语可以看出来？

出示句子：美国发明家爱迪（dí）生，没有受过正规的教育，幼年就自谋生计，当小贩、服务员等。但他迷恋电学实验研究，毕生孜（zī）孜不倦，竟拥有白炽（chì）灯、留声机、碳粒电话筒、电影放映机等一千多项发明专利！

（1）从哪些词还可以看出他像小水滴那样目标专一、持之以恒？

（2）“孜孜不倦”这个词你理解了吗？你能列举一些爱迪生的相关小故事加以说明吗？

（3）从“迷恋”这个词中你体会到了什么？

（4）作者列举爱迪生的事例能证明自己提出的观点吗？为什么？

（5）指名学生读描写爱迪生的句子，体会他那小水滴的精神。

3. 品析齐白石的事例

出示句子：现代著名书画家齐白石，在他数十年的艺术生涯中，始终没有停止过挥毫作画。他的画室里，挂着他用以自勉的条幅：“不教一日闲过。”就是到了晚年，也仍然坚持每天作画三幅。正是因为白石老人坚持不懈地创作，他的技艺才达到炉火纯青的境界……

（1）你从齐白石的身上感受到目标专一、持之以恒的精神了吗？

（2）从“不教一日闲过”“数十年”“晚年还坚持每天作画三幅”感受到了什么？

（3）齐白石的事例同样能证明作者的观点吗？为什么？

点评：对三位名人事例的学习，采用不同的方法进行理解感悟，既避免了教学的单一、枯燥，又给了学生一个自我展示的机会，更关注了学生的差异。《义务教育语文课程标准》提出的高年级段目标尤其关注“初步领悟文章基本的表达方法”，因此正确掌握文体特点和语言特点是有效教学的首要前提。而这堂课，教师显然依据文本的特点深入理解教材内容，同时又引导学生发现、感悟表达方法和语言特点，注重表达方式的训练，体现说理性文章教学的鲜明特征。

（三）举例延伸，拓展认识

1. 学习省略号

刚才课文为我们列举了李时珍、爱迪生、齐白石的故事，他们所处的年代不同、所在的国家不同、所从事的领域不同，但他们却有一个共同的精神：目标专一、持之以恒。同学们，书上只讲了三个典型事例，你们还知道哪些名人故事？课前我让大家收集一位名人或者身边人的事例，下面就请你们把自己收集的资料介绍给大家吧。

点评：语文是母语教育课程，学习资源和实践机会无处不在，无时不有。我们应沟通课内外的联系，开展综合性实践活动，拓展学生的学习空间，增加学生语文实践的机会。让学生课外按要求去搜集一个事例，然后到课堂上与大家一起交流，我想通过这项语文实践活动，学生不仅可以深化对滴水穿石启示的领悟，而且也锻炼了学生搜集处理信息的能力、口语交际能力。在教学过程中，教师灵活地对教学目标进行分层，让不同层次的学生都能在课堂上获得匹配自己能力的学习任务，并且尝试“跳起来就能摘到桃子”，学生也就能从课堂上收获学习的喜悦。

2. 学习反问句

同学们，刚才你们列举了这么多古今中外名人的事例，知道他们成功的秘诀都是相同的。那么你能用文中的语言来帮他们总结一下吗？

出示句子：你看，古今中外所有成就事业的人，在前进的道路上，不都是靠着这种“滴水穿石”的精神，才“滴穿”一块块“顽石”，最终取得成功的吗？

（1）同学们，此处反问句有什么好处吗？

（2）指导朗读，那你们能问得更有力度吗？

3. 学习最后一个自然段，感悟启示

这些名人都成功了，他们成功的背后也付出了很多，让我们记住“滴水穿石”给予我们的启示吧。

出示句子：我们要铭记“滴水穿石”给予我们的启示——目标专一而不三心二意，持之以恒而不半途而废，就一定能够实现我们美好的理想。

（1）齐读。

（2）小结：这就是“滴水穿石”给予作者的启示，也是“滴水穿石”给予我们的启示。

点评：对于高年级的学生来说，语文的学习不能只停留在课堂上，还要注重课外的学习，即尝试着自己去搜集资料，以此深入课堂学习。由水滴到名人，由名人到身边的人，由身边的人到自己，由此及彼，层层推进，把启示浸入心底。

（四）前后联系，明了写法

（1）文章学到这里应该结束了，而作者为什么在第四节又写了雨水呢？请你们自由读一读第4自然段，想一想这一节是不是显得多余，谈谈看法。

（列举因为没有“目标专一、持之以恒”的精神而失败的事例的方法，我们称之为反面论证法。板书：反面论证法。）

（列举三位名人因为具有“目标专一、持之以恒”的精神而成功的事例的方法，我们称为正面论证法。板书：正面论证法。）

（2）好了，同学们，今天我们学习了一篇体裁独特的说理文，现在一起来回顾一下作者是怎么写的。作者先写了滴水穿石的现象，然后根据这一现象提出自己观点，接着再从正反两个方面举例证明了自己的观点，最后得出自己的启示。同学们像这样说明事理陈述清晰，显得有理有据，我们现在就把这种写作方法运用到自己的作文中去。

（板书：提出观点，举例说明，得出结论。）

点评：循文悟法，悟写作之道。教学中教师在学完全文后直奔写法精要：依据高年级学生语文学习的实际，把握了文本的特点，将《滴水穿石的启示》一文定位为说明事理性文章进行教学，将有关写法的感悟渗透教学过程。

（五）读写结合，升华情感

（1）同学们，学了这篇课文之后，你一定还会从大自然中的一些事物中得到启示，请你以“××的启示”为题列一篇说理文的提纲。

（2）自由练笔。

（3）交流反馈。

点评：这一环节给学生提供了一个生动活泼的语言实践情境，促使学生对启示认识升华，更让学生习得说理文的写作方法。

（六）布置作业

根据自己列好的提纲创作一篇习作。

点评：设置课外作业，旨在引导学生在书写读后感中或其他启示中再次走进作者的内心，进一步随同作者去体味水滴的启示，从而丰富学生的内涵。

板书设计：

滴水穿石的启示

目标专一	写作方法
	提出观点
	举出事例 {正面 / 反面}
持之以恒	得出启示

【专家总评】

《义务教育语文课程标准》指出，“培育热爱祖国语言文字的情感，增强学习语文的自信心，培育良好的语文学习习惯，初步掌握学习语文的基本方法”。本节课非常重视学生学习方法的习得和良好学习习惯的养成。例如，课前要求学生搜集资料，课堂引导学生学习说理文的习作方法，抓住关键词语理解课文内容的方法，等等。“授人以鱼，不如授人以渔”我们的教学不仅要着眼当下，更要为学生的终身发展打好基础，要有利于满足学生终身学习的需要。所以教学中在注重知识的习得的同时更要关注学习方法的掌握，只有学会学习的学生，才能成为学习的主人。

在小学高年级，理清文章的写作思路，感悟学习作者的写作方法应是教学的一个重点。《滴水穿石的启示》这篇课文是一篇说理文，作者先提出观点，然后举例论证，最后得出结论。这种写作方法理应让学生习得。这位教师课上是这样做的：同学们，学了这篇课文之后，你一定还会从大自然中的一些事物中得到启示，请你以“××的启示”为题列一篇说理文的提纲。回家别忘了根据你列好的提纲创作一篇习作。

教师这个环节的设计，是在学生充分感悟的基础上，揭示文章的写作方法，并引导学生模仿文章写法写一写从大自然中的一些事物中得到的启示。更值得关注的是教师在课堂上先让学生用简单的语言列一个提纲，然后回家创作。这样，既让学生在课堂上习得了列提纲的方法，又节省了课堂的时间，更是在语言实践的过程中巧妙渗透说理文事例论证的叙述方法，帮助学生掌握了说理文构篇的基本方法，既说明了理，又扎扎实实对学生进行了语言文字的训练，努力实现了三个维度目标中的知识与能力的高度统一，真正做到了把“语文课”上成“语文”的课。

总之，本课教学设计很清晰，也很简明，目标明确而又集中，不枝不蔓。对文本的准确理解与把握，是教学设计与安排的基础。本课教学关注学生的差异，对学生启发引导得当，设计实施的过程又非常自然流畅，教师成竹在胸，因而挥洒自如，充分体现了教师的教学功力！

生活的差异　真情的共生

——《爱之链》教学设计

【教学设想】

第二单元围绕人间真情这个主题展开。《爱之链》是写下岗的乔依在路上主动帮助老太太修车，并谢绝了报酬，老太太开车到了一个路边的小饭店吃饭，又暗暗资助孕妇的故事。这篇文章是一首爱的赞歌。文章极其细腻地描写了发生在严冬深夜中的爱的故事。失去工作的乔依无偿地帮助老妇人修好汽车，老妇人在用餐的时候又受到了乔依妻子的精心照顾，又受到了爱的感染，于是留下一些钱悄悄地走了。文章赞扬了人与人之间的互助互爱，告诉人们，当别人需要帮助的时候，应该伸出热情的双手。

【教学目标】

课堂教学应该是师生互动的过程，要以学生为本，放手让学生自读自悟，在学生充分感悟的基础上，围绕“爱”，始终扣住“爱”这根红线，以“爱的传递”为线索展开阅读，注重感悟，让学生在真情交流中唤醒爱，在激情对话中感悟爱，在觉悟阅读中提升爱，在倾情关注中寻觅爱，让学生沐浴“爱”的光辉，感受“人文”的回归，加深理解和体验，受到情感熏陶，树立正确的价值观。

【教学过程】

教学方法上，我力争体现“以情境为动力，以朗读为主线，以对话为灵魂，以感悟为核心”的教学理念，采用“设境感知爱、初读感受爱、品读感悟爱、想象再现爱、拓展提升爱、补足珍藏爱、延续缔造爱”的教学思路，引导学生抓住字、词、句，深入文本，凭借课文的语言文字，充分感悟人与人之间情谊与关爱的可贵，知道当别人需要帮助的时候，应该给予无私的帮助。

学习活动中，我从学生个体发展的角度出发，以独立自主学习感悟为主线，借助同伴合作和全班交流的有效学习形式，让学生抓住字、词、句，深入文本，感受真情，体会奉献爱心终将获得爱心回报的道理。

（一）设置情境，感知“爱”的含义

1. 引出“爱”

出示汶川大地震时各地捐款的画面。看到这些画面你最想用哪一个字来说出你的心情？引导学生说出“爱”这个字，然后让学生到黑板上写出这个字。爱是人类永恒的话题，看到这个“爱”字，你会联想到什么画面、故事或者人物？

2. 导出“链”

紧接着将“链”字板书在黑板上，问道：“由这两个字，你又会想到什么？”学生自由说。“链”有什么特点呢？课文中有哪些人串起了这条“链”？让我们走进这个风雪交加的夜晚。打开语文书。

这节课就让我们带着这些温暖的、充满爱意的语言一起走进爱的故事去细细品味爱的珠链上那感人的一幕幕。（板题：爱之链。学生自由读文。）

3. 说出“事”

谁来说一说文中有哪几个主要人物？

谁来说说这是一个怎样的爱的故事？（这篇课文讲了乔依在路边帮助了一个孤苦无依的老妇人，老妇人又……女店主又给了乔依爱。）

点评：阅读教学要为学生语文能力的发展提供平台。所以这一板块在指导学生复述故事的时候，引导学生抓住要点：“帮助怎样的人，帮助他什么？”和“故事情节意外的结局是什么？”进行复述，在体会故事情节意外的特点的基础上，让学生掌握抓住要点把课文复述得更清楚完整，培养了学生概述课文的能力。同时，学生对小说情节意外特点的体会也水到渠成。

（二）走进场景，体悟“爱”的真谛

大家都知道了故事的大意，他们原本都不认识，这个故事讲的就是陌生人之间将“爱”一个一个传递下去。这节课就来看看乔依是怎样将爱传递给一个陌生的老妇人的。翻开书，看课文的第一、二小节，自由地读一读。

1. 走近“老妇人”，寻觅爱

（1）故事发生在一个风雪交加的黄昏，看！（课件出示与老妇人有关的四句话，师读。）

已是黄昏了，伴随着寒风，雪花纷纷扬扬地飘落下来。

这条路上几乎看不见汽车，更没有人影。

有位身材矮小的老妇人，她满脸皱纹，在冷风中微微发抖。

她在这个荒无人烟的地方已经等了一个多小时了，她又冷又怕，几乎完全绝望了。

（2）读了这句话，你能体会到老妇人的内心了吗？

（3）是呀，在风雪中等了一个多小时的老妇人心中满是紧张和害怕，我想请四位同学各读一句，哪四位同学来读？

点评：新课标提出，高年级阅读教学应指导学生揣摩文章的表达顺序，体会作者的思想感情，初步领悟文章基本的表达方法。课文中的环境描写与乔依凄凉的心境是一致的，这就是小说中的情景相生，景是为了衬情。似乎是不经意的几笔，却是衬托人物品质的点睛之笔。这一板块通过引导学生对环境描写的体会，让学生习得小说中情景相生的表达方式。

2. 走近“乔依”，感悟爱

（1）过渡：就在老妇人几乎完全绝望时，谁出现了？（乔依）乔依驾驶着他那辆破汽车来到了老妇人面前，这是一个怎样的乔依呢？默读1~4自然段，关注人物的动作、语言、神态等细节方面。细细品味，从中你看到了怎样的乔依？

（2）读书就要细心，细心品位一个字，一个词，一句话就会有自己的独特感受。如果你能联系上下文来解读词句，你的感受会更深刻。紧扣文中的细节描写，再次速读1~4自然段，在自己感受深刻的地方圈一圈、画一画，把你的一份理解、一份感受用一个字、一个词、一句话记录下来。

（3）交流：你看到的是怎样的乔依？（随着学生的交流，用手机相机出示段落）指导学生抓住以下三点交流。

① 此时此刻，乔依的处境怎样？谁来说说？（根据学生的回答，用相机屏显第1自然段，用相机红显关键词。）

第一，引出“凄凉”，讲解这两个字的偏旁。还想到了哪些词？凄凉就是“冷”的感觉，什么使乔依的处境如此凄凉？

第二，我们再看后文，乔依躺在床上，已经快急疯了，找工作找不到，难怪处境如此凄凉。自己读一读，把这种感觉读出来。这黄昏，这凄凉，这冷雪，听——（课件播放音乐，师述）风冷，雪冷，人的心更冷，乔依开着他的破汽车，慢慢地朝前……这就是乔依的生活，这就是乔依的心情。

是呀，在寒风瑟瑟，雪花飞舞的日子里，乔依失业了，他的生活没了着落，他的心里非常凄凉，能带着你的感受来读这一自然段吗？

② 你们看，乔依首先请老妇人……坐到车里……最后还说我叫乔依。为什么这样说啊？

自报家门，我叫乔依，不是坏人，此时的乔依理解老妇人，所以赶紧安慰她。理解就是爱的别名。（课件出示第3自然段）读读乔依安慰老妇人的话，你从乔依安慰老妇人的话中体会到什么？（热情、体贴、细心）你能读出话语中的暖意吗？淡淡的几句话如暖风吹拂过老妇人的心田，谁还愿意来读一读。

（板书：安慰。）

“慰”字底下一个心，你会用心安慰别人吗？自己读读。你们看，乔依用微笑拥抱老妇人，用微笑传递爱，他爱的传递就到此结束了吗？

没有结束，他还帮老妇人修车。

③你们看，这一段就写了乔依帮老妇人修车，写得可细致了，你们说为什么作者写得那么细致？

（通过“蹭破”“摘下”“几乎没有知觉”“喘着”“流下来”“沾满”“脏”等字词感受天气的寒冷，修车工作的费劲。但乔依仍然不怕脏、不怕累，卖力地帮助老妇人修车。）

是呀，此时的乔依心中只有一件事，那就是赶紧帮老妇人修好车好让她摆脱困境，早点回到温暖的家。

你能带着自己的感受把它读好吗？

小结：乔依不怕脏，不怕累，真心诚意为老妇人修车，这是一种发自内心的帮助，这是一种乐于助人的优秀品质。你还看到了怎样的乔依呢？

（4）（出示第4自然段）读懂了乔依的内心，再读这段话，你们会有更深的体会。请大家捧起书再一起读这段话吧。（学生饱含感情地齐读，配乐《风的呢喃》。）

（5）我们从文中已经体会到了乔依的贫穷，知道对于他来说“钱”是很需要的，而当老妇人用钱来回报他时，他却拒绝了自己急需的钱，这是为什么呢？

点评：小说最关键的还是塑造人物的形象，特别是这样一个典型环境中的人物形象更加典型。人物形象的塑造就是通过人物的言行、内心活动的描写等来刻画的。学生在寻找细节、品读细节的过程中，通过教师凝练的语言点拨，乔依的人物形象在脑海里逐渐丰满，且学生能体会到如何通过人物的言行等刻画人物。

3. 走近“钱”，传递爱

（1）乔依就是这样用自己的实际行动尽心竭力地帮助老妇人，正是因为这样，老妇人此时怎样？

满脸感激，因为感激，所以要给乔依——钱，要给他回报。此时乔依怎么说？读文中的句子……

（2）如果你就是这位老妇人，在大雪纷飞、荒无人烟的地方等了一个多小时，在几乎绝望的时候遇到了不顾一切帮助你的乔依，在打开钱包问该给多少钱时，你心里可能是怎么想的？（生读、思、议）

出示：他从没想到他应该得到钱的回报。

（3）为什么乔依会从未想到得到“钱”的回报呢？（他以前在……所以……）

（4）文中有一个词说出了此时乔依的心情，齐读第二句话，理解“天经地义”，谈谈你对这句话的理解，重点理解“常常”“一直”。

小结：在乔依困难的时候，他曾经得到过别人爱的帮助，所以当他看到被困雪地，孤立无助的老妇人需要帮助时，会毫不犹豫地伸出援助之手。他不求报酬，只希望老妇人也能把悠悠爱心传递给需要帮助的人。因此，乔依笑着对老妇人说……（引读第7自然段）。这就是乔依，你们看，他用微笑安慰老妇人。老妇人有没有像他希望的那样帮助别人呢？有没有？在文中找一找，读一读。

（5）出示乔依的话：如果您遇上一个需要帮助的人，就请您给他一点帮助吧。

4. 走近“女店主”，展现“爱”

（1）带着乔依温暖的话语，老妇人走进那简陋但温馨的小餐馆，让我们一起去感受另一个动人的故事，自读9~11自然段。仍然请同学们关注课文中的细节描写，看看你能从中读懂些什么？

（2）会读书的同学一定能将一段话、几段话读成几句话。请同学们再读课文尝试完成填空练习。

（多媒体显示。）

到小餐馆，老妇人看到__________________________________，突然想起了____，于是____。

（3）女店主面对老妇人的帮助、关爱为什么会“潸然泪下”？这是怎样的泪？是什么让她相信一切都会好起来呢？

（4）爱的传递让她觉得一切都会好起来。让你接下去想，女店主在遇到需要帮助的人时，她会怎么做呢？

（5）齐读9~11自然段。

点评：从学生阅读小说的原点出发，怎样让学生感受小说情节的生动，怎样让人物形象在学生心中真正建立起来，是执教者备课时应重点考虑的问题。这节课主要安排了两个环节。一是读情节，讲讲小说故事中那些出人意料的地方，感受情节的富于变化、曲折生动。二是故事中的人物哪些地方感动了你？读人物描写，借小说对人物的细致刻画，从眼中有人物到心中有形象，让阅读体验在阅读实践中具体真实起来。

（三）突破难点，感受“爱”的延伸

（1）引读：关上店门，女店主走进里屋……

（2）出示句子：她轻轻地亲吻着丈夫那粗糙的脸颊，喃喃地说：“一切都会好起来的，亲爱的，乔依……”

（3）从女店主的话中你读懂了什么？

① 乔依就是女店主的丈夫。

② 乔依帮助了别人就是帮助了自己。

③ 困难只是暂时的，人间自有真情在，我们要充满信心。（引导学生回顾两次“笑”：第一次，乔依心情“很是凄凉”，但对“在冷风中微微发抖的”老妇人依然“微笑”着；第二次，女店主“极度疲劳”，脸上却带着“甜甜的微笑”。）

④ 这是一个充满爱的世界。

“爱”将他们联系在了一起，他们会把“爱”传递下去。乔依也曾经得到过别人的帮助。

就是这样环环相扣，无限延伸，形成了一条爱之链。读读这段话。（最后一段话）

（师边小结，边完善板书。）

学到这里你们应该明白文章为什么用“爱之链”做题目了吧？

生交流，师延伸：对，爱在传递，它会通过不同的人传向四面八方，让我们也成为爱的链条上的一颗美丽的珠子，一起来传承爱吧！（进一步完善板书。）

点评：在读情节的教学环节中，学生或默读或小声读或浏览，自由选择阅读方式。教师适时提示阅读方法：可以将故事前后联系起来阅读，可以将故事情节和生活现实进行对比阅读。用联系和对比的阅读策略，学生会对小说情节的富于变化、出人预料、层层推进有具体的感受和认识。

（四）鼓励创作，诠释“爱”的内涵

（1）相信此时“爱”早已在大家心里生了根。其实我们每一个人都是爱之链中那一环，你一定曾经捐出零花钱，那么山村里同龄人就多了一本语文书。献出鲜血，用爱心点燃烛光。爱是接力棒，爱是同心的链，有爱我们有理由相信一切都会好起来的。最后，请同学们拿起笔来，选择开头中的一个，写一写。

①老妇人告别乔依……

②乔依醒来……

（2）创作、交流。

是呀！“爱”是传递，是一根心链，拴紧你我的心，连着大家的心。

爱就是一股驱走寒冷的暖流，就是一种克服万难的力量。

在教师的心中爱就是手捧一颗真心，轻轻地放在别人的手上。

点评：这一板块的教学目的是读写结合，迁移运用，培养学生语言表达能力。小说环境描写特有的表达效果学生在自主发现中得到充分的体验。以“清晨，乔依醒来……”为开头写一段环境描写，来表达自己对乔依的祝福，这就是读写结合的训练。学生在写的过程中，能借用一些景物表达美好的心境，这些景物可能就是前面所提到的令人感到压抑的、孤独的、凄凉的景物，但由于心境不同，在人物眼里也变得不同。这些景物可能以前从来没有跃入人物的视线，因为没有心情去看，但现在却发现了它们的美好。学生对情景相生再一次得到了体验，学生又学一法。

（3）（播放《因为爱》，同时出示抗雪灾、抗洪水等图片，在音乐声中结课。）全体起立，让我们把目光定格在那一个个感人的画面上。

（4）结束语：四川汶川地震牵动着亿万人的心，当灾难来临时，我们用爱相迎。地震无情人有情，这情就是爱！一方有难，八方支援，这支援中含着爱！大地震发生的第一时间，温总理赶来了，战士们赶来了，所有有爱心的人们向灾区伸出了援助之手。

因为爱，冰雪会消融；

因为爱，枯木会逢春；

因为爱，希望绽放华彩；

因为爱，奇迹正在赶来。

让我们成为爱之链中的一环，让爱的金链永远不断！

【专家总评】

听完了这节课，觉得有这几个方面做得比较好，与大家共勉。

《爱之链》这篇课文以极其独特的构思将三个故事串联起来，形成了一个完整的"爱之链"，给读者带来了丰富的思想触动。执教者在教学设计时，充分关注情感的人文性和工具性的和谐统一，促使"人情味"和"语文味"共融共生。

一、情境对话，在文本的差异中说文字

语文教学之初，教师大多会为学生创设一定的学习情境，以成功激发学生的学习兴趣。

《爱之链》讲述了三个小故事，其内在线索是极为明显的，教师写了一个字——"爱"。"轻轻地读一读这个字，你会想到我们生活中的哪些人和哪些事呢？看谁说得更精彩。"学生陷入沉思之中，此时教师随即为学生播放《爱的奉献》这首歌。学生经过一番思考，逐渐找到了一些信息。教师让学生自由展示。"看到这个'爱'字，我们很自然想到了父母，因为父母的爱是最伟大的。我们还会想到那些帮助别人的活雷锋，他们的爱是无私的，堪称人间大爱。可怜天下父母心。这是亲情之爱。只要人人都献出一份爱，世界会变成美好的人间。这是'爱之链'中歌颂的人间大爱。"教师对学生展示的内容进行点评，对学生的收获进行梳理，帮助学生顺利建立有形的学习认知。教师利用板书和多媒体手段为学生创设学习情境；学生看得真切，听得也入心，其心理触动是极为强烈的。教师发动学生展示情境对话，让学生说出个性理解。学生展示个性认知，有俗话、有歌词，语用意识得以体现。这样的教学设计无疑属于说文本也说文字，实现了"人情味"和"语文味"的共融共生。

二、问题互动，思情感亦思情语

《爱之链》由三个小故事构成，在教学推进时，教师利用问题设计展开互动，并在师生互动中完成教学任务。教师问题设计需要有关注性。教师设计了几个思考问题：找出课文出现的几个人物，围绕这几个人主要写了哪几个关于“爱”的故事？你能够用最为简洁的话对这些人物进行概括总结吗？学生拿到思维任务后，快速展开自主阅读学习，并积极互动讨论。展示阶段，教师组织学生发表个性观点，学生发言踊跃。有学生说，这篇课文主要写了乔依、老妇人、女店主、女店主丈夫等人物。作者围绕这几个人写了爱的传递方面的故事。乔依为老妇人免费修车，老妇人帮助女店主，女店主理解丈夫，将爱的故事延续下去。也有学生说，“爱”的接力棒在生活中传递，为他们的生活带来了温暖，这些人都是好人，好人一生平安。教师参与话题讨论，给出自己的见解。教师为学生投放了思考问题，学生展开了有针对性讨论和思考。从学生表现可以看出，教师的教学设计是比较恰当的，成功激活了学生的学习思维，特别是要求学生用最为简洁的话对这些人物进行概括总结，注重了语言运用的训练，这无疑属于“人情味”和“语文味”的共融共生设计。

三、读写结合，训练感悟亦训练知识积累

《爱之链》给读者带来丰富的心理触动，在教学训练设计时，执教者充分考虑学生心理，为学生设计适合度更高的训练任务。教师给学生布置了读写任务：在我们的生活中，经常可以遇到“爱之链”类似的事情，回顾思考，搜寻相关事件，用灵动的笔触记录下那些感人的瞬间。任务下达之后，学生便开始了热议。教师不时给出提示，要求学生注意理顺情节以及语言的合理运用。教师为学生布设了读写任务，这个训练本身就是人文性和工具性高度统一的内容。学生在写作的过程中，不仅思想获得了历练和洗礼，语言表达也在不断提升，真正实现了“人情味”和“语文味”的共融共生。新课改大背景下，教师要有兼容思想，在教学设计时，为学生提供“人情味”和“语文味”共融共生的学习环境，利用兼容性评价方式矫正学生学习偏执的做法，全面塑造了学生的综合语文素质。

差异品读名曲美文　文思共生助力成长

——《二泉映月》教学设计

【教学设想】

《二泉映月》（苏教版五年级下册第10课，P58~P61）这篇课文浓缩了民间音乐家阿炳艰辛苦难的一生。作者以“有一年中秋夜”“十多年过去了”“又是一个中秋夜”“从此”作为时间线索，采用记叙故事的形式介绍了曲作者阿炳创作《二泉映月》的艰辛历程，也形象地阐释了《二泉映月》这首名曲的丰富内涵，表现了阿炳热爱生活、热爱音乐、追求美好理想、敢于同命运抗争的精神。本文在写作上有两大特色：一是脉络清晰，层次分明，采用紧扣题意，揭示历程的写法；二是语言精练，语言的表达有力，饱含感情。由于这首曲子大部分五年级的学生没有听过，更不了解该曲的创作过程，因而在第一课时，教师先引导学生读懂课文内容，了解《二泉映月》这首名曲的孕育过程，再与学生共同欣赏名曲，达到“曲随情生”“情动辞发”的效果。第二课时，教师根据文本特点和学生特点，采用“差异品读名曲美文，文思共生助力成长”的教学理念，结合具体的音乐以及支架，引导学生在语言文字的体悟中，在不同音乐的感染、浸润中进行学习，促进学生综合能力的发展。

【教学目标】

（1）正确、流利、有感情地朗读课文，感受课文的语言美、形象美和韵律美。

（2）结合课文内容，体会乐曲所表达的丰富内涵，学习阿炳热爱生活、矢志追求美好生活的品质。

（3）学习课文的表达方式，结合具体的音乐鉴赏，初步尝试写作。

【教学重难点】

重点：结合课文内容，体会乐曲所表达的丰富内涵，学习阿炳热爱生活、矢志追求美好生活的品质。

难点：学习课文的表达方式，结合具体的音乐鉴赏，初步尝试写作。

【教学过程】

（一）问：复习导入，激发兴趣

师：上节课，我们初步学习了课文，同学们提出了许多自己不懂的问题，这让我感受到大家个个都是善于思考的孩子。谁能来简要回顾一下上节课我们学习的内容和遗留的问题？

（生交流。）

师板书两个主线问题：①阿炳两次来二泉有什么不同？②第5小节写琴声，为什么还要写其他的内容（心声）？

师：好的，现在就让我们带着心中的疑惑，继续走进第10课《二泉映月》（板书课题：二泉映月）。

点评：教师抓住学生的问题进行教学，完全依据学情而设计教学内容。作为教师，引导学生到我们想让他们去的地方首先必须要知道学生在哪里。以学生的问题进行学习的导入，可以更好地开展教学。学生的问题其实就是学生学习的困难点、障碍点，也是提升点。

（二）议：读思结合，探究文本

师：我们先来解决第一个问题，请大家到课文中去寻找。快速浏览课文，思考，然后我们来交流阿炳两次来到二泉有什么不同。

生：第一次来是快乐的，第二次来是悲伤的。

师：心情不同。

生：第一次来只听到流水声，第二次来听到了其他的声音。

师：泉声不同，为什么阿炳当时只听到了淙淙的流水声呢？

生：因为他没有经历人生的各种苦难。

师：后来呢？

生：阿炳听到了叹息、哭泣、倾诉、呐喊……

（PPT出示文字，指名生读。）

渐渐地，渐渐地，他似乎听到了深沉的叹息，伤心的哭泣，激愤的倾诉，倔强的呐喊……

师：阿炳为什么会听到这样的泉声呢？

（师板书：泉声。）

生：因为他生活穷困潦倒，受到别人的歧视，而且再也看不见了。

师：请同学们回到课文中，文中哪个词最能体现阿炳度过的一生？

生：坎坷。

点评：学生是学习的主体，在这个环节的教学中，教师具有较强的“还学”意识，把学习、思考、交流的主动权更多地留给学生。学生在自主学习的过程中，扎扎实实地进行语言活动。简单问题的引导既顺应学情又激发起学生的思维碰撞，让学生穿行在文字中，体会到阿炳坎坷的经历，导致他两次来到二泉所听声音千差万别。

（三）读：重点分析，体会心路

师：是啊，长大后的阿炳生活穷困，疾病缠身，命运坎坷，充满磨难，大家知道“炳”这个字是什么意思吗？

（生交流。）

师：“炳”的意思就是“光明”（PPT出示）。阿炳多么希望有一天能重见光明，过上安定幸福的生活，可是当时阿炳每天的生活却时常是这样的（PPT出示，让学生默读）：

阿炳每天上街卖艺，有人看他穿破长衫，戴断了一条腿的眼镜，便认为他是叫花子。腊月寒天，阿炳为一帮酒足饭饱的人弹曲，得到的两个铜板却被丢在了破碗外，他赶紧伸出骨瘦如柴的手，颤抖地摸着，最终一无所获！夜晚，常常可以听到缓慢低沉的琴声，那表明他生意清淡，来日衣食无着。眼盲后，阿炳走路往往会摔跤，但不管怎样，即使头撞坏，他那活命用的“叫花胡琴”却从没有摔坏过……

师：读到这些文字，你觉得坐在二泉边的阿炳心中会想些什么呢？

生1：这样的生活什么时候是个头啊？

师：这是阿炳深沉的叹息。

生2：师父，我好想您回到我身边。

师：这是他伤心的哭泣。

生3：命运，你为何这样待我？！

师：这是他激愤的倾诉。

生4：即使生活如此，我也要努力活下去！

师：这是他倔强的呐喊。

师：同学们，阿炳心中的这些压抑许久的情绪有人听吗？

生：没有。

师：所以阿炳只能怎么办呢？

生：他只得把这些积淀已久的情绪倾吐给这茫茫月夜。

师：接下来请同学们默读第5小节，用直线画出表示琴声的句子。画好的同学请坐正。

生：起初……激荡……

（师乘机板书：琴声。）

师：起初的琴声请第一大组来读，高潮部分请第二大组来读，结尾部分请第三大组来读。看看哪组同学能读出适当的语调和节奏来。

（生分组读。）

师：如果课文就写这些可以吗？

生：不可以，因为琴声是想表达阿炳的心声，得写出来。

（请生板书：心声。）

师：阿炳用动人心弦的琴声告诉人们……

生：他爱那支撑他度过苦难一生的音乐，他爱那美丽富饶的家乡，他爱那惠山的清泉，他爱那照耀清泉的月光。

师：他还爱什么？

生：他爱他的师父……

师：苦难的人生酿出了人间最美的音乐——《二泉映月》。接下来咱们好好品读一下这琴声、心声交融的文字。（师板书：心声）我来读心声，请大家读琴声，我们师生一同走进阿炳的《二泉映月》。

（师生共读。）

师：意犹未尽，这一次反过来，大家读琴声，我来读心声。

（师生再读。）

接下来，我要请我们班两位同学来读，老师给你们配上《二泉映月》的乐曲。谁愿意来试一试？

（男女生搭配读。）

（四）写：体会精神，拓展延伸

师：你喜欢这个曲子吗？

生：喜欢。

师：为什么？

生：因为这个曲子表达了阿炳的心声和对美好未来的向往。

师：不仅我们喜欢，我国人民也喜欢，本文的作者也是因为喜欢才写了这样的文字。先有音乐后有文章，音乐的语言转化为文字的语言。琴声、心声交融在一起，作者的写作技巧令人折服！这就是《二泉映月》的魅力！

师：这首曲子还在国际乐坛上享有盛誉，不仅是因为这个曲子悠扬如行云流水，更是因为它体现了阿炳身上那种百折不挠的意志和精神。

（PPT展示：

1977年，联合国教科文组织把《二泉映月》作为地球人的代表声音，发往太空。

1978年，日本著名指挥家小泽征尔听到此曲的原版演奏，当场激动地说："这种音乐只应该跪下来听。"

1985年，《二泉映月》在美国被灌成唱片，在流行全美的十一首中国乐曲中名列榜首。

2007年，中国第一颗探月卫星嫦娥一号搭载《二泉映月》，登上太空。）

师：阿炳后来还创作了一首名为《听松》的二胡名曲。因为在他的家乡有一块听松石，但又有人把这个曲子叫作《听宋》，宋朝的"宋"，因为生在抗战年代的阿炳其实也希望自己像宋朝的抗金名将岳飞那样能将日本侵略者赶出自己的家乡。接下来请大家做阿炳的知音，模仿第5小节的写法，将听到的琴声和想到的心声一起写下来。

（PPT出示：

起初，琴声舒缓低沉，仿佛是____________________；

接着，乐曲________________，好像________________；

然后，________________乐曲，________________；

最后，________________________________。

生听乐写作。师请生展示作品。）

点评：叶圣陶先生指出，语言与思维密切相关，语言说得好在于思维的正确。教师具有自觉培养学生思维能力的强烈意识，从感悟乐曲的精神到给以支架助力学生学习乐曲鉴赏与写作，这其实是一个充满活力的思维过程，没有空洞的说教，没有知识的灌输，促进学生差异化的品读与思考，提升了学生的思维品质，促进了学生的差异化发展。

（五）作业布置，精神延续

师：课后请同学们背诵4~5小节，上网搜阿炳创作的其他乐曲，尝试听听他的心声。

［PPT出示：

（1）背诵第4、第5小节。

（2）上网搜阿炳创作的其他乐曲，听听他的心声。］

板书设计：

二泉映月

泉声——琴声——心声

【专家总评】

本课教学设计别出心裁，以下三点尤为突出：

首先，个性化提问，共同思考，引导学生走进文本，走进阿炳。一堂课的起点应当是学情的起点，站在学生的立场，抓住学生的问题，引导学生走进文本、阅读文本、体会文本。本节课，于老师抓住了学生两个问题——阿炳两次来二泉有什么不同？第5小节写琴声，为什么还要写其他的内容（心声）？进行文本的解读与感悟。两个问题既是本节课的主脉络，又是学生思维的推进与延伸，摒弃碎片化教学，整堂课如行云流水，酣畅淋漓。

其次，渐进式教学，体悟的加深，加强学生文本解读能力，促进思维发展。本节课脉络分明，层次明朗，从分析“阿炳两次来二泉有什么不同？”这一较为简单的问题切入，调动学生思维，引发学生思考，引导学生站到课中央。接着，由浅入深，引导学生从读到思，从体会《二泉映月》这首名曲表现了阿炳热爱生活、矢志追求美好生活的品质到思考作者如何将音乐的文字转换为语言的文字。分清“写什么”到“如何写”是能力的提升更是思维的进阶。

最后，差异化品读，课堂的延展，拓宽学生学习边界，提升认知。本节课体现了较强的差异化教学意识，尊重学生的个性化思考，给予学生学习支架进行个性化的提升。从《二泉映月》文本的分析到《听松》的鉴赏，再到课后搜索欣赏阿炳的其他乐曲，目的就是拓展教材的内容，让学生由课内阅读转向课外学习，赋予学生主动求知和发展的宽广天地。

纵观本节课，学生体会到了泉声、乐声、心声的声声交融，更感知到了教师真心、细心、用心的心心相印。以问导学，以问促学，以问延学，为学生差异化的学习打开了一扇窗，更培养了学生主动学习的能力。

基于儿童学习的新立场　尊重儿童差异化的选择与表达

——《广玉兰》教学设计

【教学设想】

确立本次课题的缘起是我校陈红副校长带领我们一起研究省级课题“小学语文差异化教学的研究”。世界上没有完全相同的两片叶子，世界上也没有完全相同的两个人。“关心每个学生，促进每个学生主动、生动活泼地发展，尊重教育规律和学生身心发展规律，为每个学生提供适合的教育”，这是《国家中长期教育改革和发展规划纲要（2010—2020年）》中的工作方针，也是一个美好的教育愿景。

执教六年级下《广玉兰》一课，作为一节课题研讨课，本节课我的定位是一节朗读指导课，与花相关，在引入主题时，我让学生回忆四季具有代表性的花（菊花、梅花、桃花和荷花），并将联想到的诗句吟诵出来。这些花本身具有花的品格，因此，为本节课最后渗透托物言志、借物抒情的写作手法做好了铺垫。本节课是教学《广玉兰》的第二课时，重点分析课文的第3自然段——广玉兰开花的形态。由于每个学生对文字本身的感受是不一样的，所以我基于学生学习的立场，让他们选择自己喜欢的一种花，并就花开的形态进行品读、分析，感悟、交流，让学生体悟广玉兰花旺盛的生命力，在分析与体悟中朗读语言文字，读出散文的美。以同样的方法，让学生通过默读与朗读感受广玉兰花叶旺盛的生命力。提示学生：为什么作者不仅能看到了广玉兰的美，还能体会到其旺盛的生命力呢？补充作者陈荒煤的生平资料，学生很快找到了答案，得出作者借物喻人、托物言志的写作手法。如果一直以来，我们把作业设计的立场可以形容成“为知识的学习和巩固”，那么，现在我们必须建立“为学生的学习”的新立场，在作业设计中充分尊重学生的差异。所以，我依托课标、教学常规及教育理论，结合教学实践进行作业评价差异化思索，探索富有实效的课外作业差异化评价策略。让学生根据自己独有的特质从作业超市中选择自己喜欢的一项或几项完成，也是尊重学生差异化的选择与表达。

【教学目标】

（1）能正确、流利、有感情地朗读课文。

（2）通过品读文中描写广玉兰的优美句子及对广玉兰图片的欣赏，培养学生的审美情趣，激励学生到生活中去感受美。

（3）品读感悟广玉兰旺盛的生命力，理解作者喜爱广玉兰的原因。

（4）按照学生的不同学习智能对港城公园的花进行研究。

【教学重难点】

重点：了解花开时的各种形态以及叶片的特点，感受广玉兰花的色美、形秀以及叶片的独特情趣，体会作者的喜爱之情。

难点：感悟广玉兰拥有的旺盛的生命力。学习多角度观察，用多种描写手法描写其他植物开花时的形态。

【教学过程】

（一）诗词激趣导入

同学们，我们先一起来欣赏几幅图，再说说你们都想到什么样的诗词并吟诵出来。

菊花 ：“采菊东篱下，悠然见南山。”“东篱把酒黄昏后，有暗香盈袖。”“待到重阳日，还来就菊花。”……

梅花 ：“不经一番寒彻骨，怎得梅花扑鼻香。”“梅须逊雪三分白，雪却输梅一段香。”“墙角数枝梅，凌寒独自开。”“驿外断桥边，寂寞开无主。”……

桃花 ：“去年今日此门中，人面桃花相映红。人面不知何处去，桃花依旧笑春风。”“逃之夭夭，灼灼其华。”“人间四月芳菲尽，山寺桃花始盛开。”“竹外桃花三两枝，春江水暖鸭先知。”“西塞山前白鹭飞，桃花流水鳜鱼肥。”“桃花一簇开无主，可爱深红爱浅红。”……

荷花 ：“小荷才露尖尖角，早有蜻蜓立上头。”“接天莲叶无穷碧，映日荷花别样红。”“有三秋桂子，十里荷花。”“兴尽晚回舟，误入藕花深处。”……

同学们真是对答如流啊，有丰富的古诗词积累！下面请看这首诗，猜猜这首诗写的是哪种花（师出示）。

玉 兰

明·睦石

霓裳片片晚妆新，

束素亭亭玉殿春。

已向丹霞生浅晕，

故将清露作芳尘。

师：是啊，这就是玉兰。通过上节课的学习，我们知道陈荒煤也同样深爱着玉兰花。出示……（齐读：他爱广玉兰的幽香与纯洁，更爱广玉兰无比旺盛的生命力。）我们再次走近广玉兰，去感受广玉兰那无比旺盛的生命力。（板书：旺盛的生命力。）

点评：通过古诗词积累的形式引入一年四季的花，分别以菊、梅、桃、荷为例，不仅唤起了学生对古诗的记忆，更让学生在吟诵诗词中感受到了花的魅力。由花引入有关玉兰的古诗，让学生猜一猜这是写什么花的，告诉学生作者陈荒煤也非常喜欢广玉兰，从而快速导入本节课第二课时。重点板书“生命力”一词，让学生感受广玉兰的生命力。

（二）品读感悟，领悟写法

（1）请同学们轻轻打开课本，默读课文第3自然段，找一找作者介绍了哪几种形态的广玉兰花，并分别用文中的词来概括。（含羞待放的广玉兰花、刚刚绽放的广玉兰花、盛开着的广玉兰花、凋谢的广玉兰花。）

（2）那么这四种形态的写作顺序可以调换吗？课件出示打乱顺序的广玉兰花，提示学生找到答案。（按照开花的顺序，这样写显得有条理。板书：有顺序。）

（3）如果此时你有一部相机，来到这株广玉兰的旁边，你最想拍下哪种形态的广玉兰花呢？（教师可以先采访一两个学生想拍下哪种形态，让其简单说说理由。）下面，请选择含羞待放的广玉兰花的同学坐在第一组，请选择刚刚绽放的广玉兰花的同学坐在第二组，请研究盛开着的广玉兰花的同学坐在第三组，想研读凋谢的广玉兰花的同学坐在第四组。当然，也可以全选。分好组的同学请快速在书上写一写你选择喜欢这种形态的广玉兰花的理由。也可以跟同桌或者下位和你想交流的小伙伴进行探讨与交流。

点评：在这一环节采用分组的形式，站在学生的立场，从学生的喜好的角度，让他们自由选择自己喜欢的广玉兰花的形态，尊重了学生个体的差异，也方便了接下来小组分析与讨论。学生在课本上做好自己标注的同时，可以转过身去与同桌或前后桌的同学进行讨论。也可以下位自由寻找他想讨论的同伴进行研究。教师还提出“当然你也可以全选”，在选择上也是照顾每个学生需求的不同。如果有些学生想选择两种形态的广玉兰或者远景的广玉兰，这些选择在本节课中都是可以的。

镜头一：含羞待放的广玉兰花

出示：有的含羞待放，碧绿的花苞鲜嫩可爱。

（1）这花苞好像挺害羞的，有些不好意思。说她害羞这是什么修辞手法？（板书：拟人）虽然她害羞，却在待放，这是一个生命在悄然生长，老师奖励你将这个句子读一读。

（2）还有谁也拍摄这个镜头？鲜嫩可爱，这鲜嫩可爱的是什么？这鲜嫩的碧绿色本身就给人一种生机勃勃的感觉，也奖励你读读这个句子。

点评：你的朗读让我眼前仿佛出现了那鲜嫩可爱的花苞，它正生机勃勃地等待着开放呢。我看到了那充满生机的碧绿色。

（3）请女生一起再读一读，感受这种形态带给我们的美与生机。

镜头二：刚刚绽放的广玉兰花

出示：有的刚刚绽放，几只小蜜蜂就迫不及待地钻了进去，那里面椭圆形的花蕊约有一寸长。

（1）这广玉兰花太香了，几只小蜜蜂禁不住诱惑，都等不及要钻进去了。真是会读书的孩子，一下子就读出了文字背后潜藏的奥秘，这就是侧面描写的魅力。（板书：侧面描写）这样的写法，我们在以后的写作中要学会运用哦！你能把小蜜蜂的迫不及待读出来吗？（指导学生朗读）

（2）这小蜜蜂钻到哪里去了呢？还把花粉传播到了哪里？是啊，我仿佛已经看到那雌蕊已经开始孕育新生命了。请男生一起读一读，再次感受这其中蕴藏的生命力。

镜头三：盛开着的广玉兰花

出示：盛开着的广玉兰花，洁白柔嫩得像婴儿的笑脸，甜美、纯洁，惹人喜爱。

（1）这盛开的广玉兰花就像这婴儿的笑脸，这里运用了比喻。（板书：比喻）。当你看到婴儿的笑脸时，你最想做什么？为什么想这样做？

师：那请你读一读。（生读）你认为她读得怎么样？你也来读一读。

点评：你的朗读把我迷醉啦！听了你的朗读，我都忍不住想去摸一摸啦！真让人喜爱啊！

（2）其实这盛开的广玉兰花就是怒放的生命啊！想读的同学起立一起来读一读。

（3）哪名同学想拍下凋谢了的广玉兰的形态？

生1：老师，我喜欢的是凋谢了的广玉兰的形态："远远看上去，一株广玉兰就像是一个数世同堂，生生不息的大家族。"

师：你的视角真独特，谈谈你的看法。

生1：这句话中的"生生不息"能体现出广玉兰顽强的生命力。

生2：老师，我觉得这不是属于凋谢了的广玉兰花的形态，而是整株广玉兰的样子。

师：你说得很对，听得也十分认真。我们再听听这名同学是怎么想的，可以吗？

师：怎么看出来生生不息的呢？

生1：一朵花凋谢，另一朵花却傲立枝头；一朵花枯萎，另一朵花又绽开笑脸。这就是文中所说的"生生不息"。

师：说得太好了，这不就是对凋谢了的广玉兰花最好的补充与阐释吗？同学们给他掌声。

点评：在第四小组汇报凋谢的广玉兰时，一个学生没有直接分析凋谢了的广玉兰花的这一形态，而是跳过这一形态，解读整株广玉兰花的形态，允许学生出错，更允许学生从不同角度进行解读，教师及时给予了肯定。

镜头四：凋谢的广玉兰花

出示：先前热热闹闹开过的广玉兰花呢，花瓣虽然凋谢了，花蕊却依然挺立枝头，已长成近两寸长的圆茎。圆茎上面缀满了像细珠似的紫红色的小颗粒，这就是孕育着新生命的种子。

（1）我从这里看出了广玉兰旺盛的生命力。你能具体说说从哪里体会到的吗？你抓住了关键词"依然挺立"和"缀满了"，感受到了广玉兰旺盛的生命力，请你把你的体会读出来。

（2）刚刚绽放时花蕊约有一寸长，而现在已长成近两寸长的圆茎。这也体现了它旺盛的生命力。作者观察得仔细，你读书更仔细，连这一点你都发现了，真了不起！也请你来读一读这句话。

（3）我把书上的这句话变换了一下语序，你觉得读起来有什么不同的感受呢？

先前热热闹闹开过的广玉兰花，虽然花蕊依然挺立枝头，已长成近两寸长的圆茎，但是花瓣凋谢了。

点评：不同的语序表达不同的情感，从第二个句子，我们感受到的是“东风无力百花残”的伤感，是“无可奈何花落去”的失落。从作者的文字中我们读出了作者对生命力旺盛的广玉兰的喜爱。

（4）同学们，一颗种子就能孕育出一个新生命，那么缀满了种子就能孕育无数的新生命，这就是无比旺盛的生命力！让我们一起带着喜爱之情读出这旺盛的生命力吧。从你们的朗读中我仿佛看到了一株充满生命力的广玉兰。

镜头五：整株广玉兰

（1）同学们拍的镜头是近景，我拍的镜头是远景，把整株广玉兰都拍摄下来了。

点评：差异化教学课堂欢迎同学们从与众不同的角度思考，之前同学们是按照广玉兰开花的四种形态来分组的，而这名学生从远景的视角向我们分析展现了广玉兰的生命力，特别好。

（2）广玉兰花的各种形态在同一株树上共同存在，就像几代人生活在一个大家族中，这就是文中所说的“数世同堂”。

（3）一朵花凋谢，另一朵花却傲立枝头；一朵花枯萎，另一朵花又绽开笑脸，这就是文中所说的“生生不息”。

（4）师：让我们再来读一读这句话。生齐读。（远远看去，一株广玉兰就像是……）

（5）这样优美的文字值得我们朗读、背诵，留在自己的心里。下面，老师特别想再读一读，把它记在心里。同学们想不想听一听？（老师配上音乐示范读。音乐循环播放。）

师：同学们想不想也美美地读一读呢？请同学们随着音乐，把自己想读的句子美美地读一读吧！读到想读的句子的时候你可以站起来，想听听别人怎么读的时候可以坐下来静静地聆听。

点评：学生先前选择自己喜欢的广玉兰开花的各种形态，一定也有自己特别偏爱的句子。这一环节由教师的诵读激起学生的诵读兴趣。每名学生都有站起来发言朗读的机会，把自己喜欢的句子美美地读一读。当然也可以始终站到底，一直把这段文字读完。开始会有几个大胆自信的学生先站起来读，越读到后面，就有更多的学生也想站起来，勇敢地、自信地读出来。最后几乎全班学生都站起来朗读，把对最后一句广玉兰具有旺盛的生命力的感觉推向高潮，非常具有感染力。课堂中处处渗透着差异化教学课堂的理念。但是，并不是所有的学生都站起来读书，我发现有几名学生始终坐在座位上，于是教师俯下身子关注这些学生，并给予他们相应的鼓励。

正是作者散步时的细心观赏，才有了今天我们学的这篇课文。作者为何能把广玉兰花写得如此栩栩如生呢？你觉得课文的第3自然段在写作上有什么值得你学习的地方呢？

点评：本课另一条教学主线就是从学生的读与体悟中感受广玉兰花的写作特点，让学生在思考、诵读、讨论与汇报中发现，为今后的习作奠定基础。

（三）品读叶片，感受生命力

1. 俗话说：“红花还需绿叶衬。”

广玉兰这旺盛的生命力在叶子上又有哪些体现呢？请快速默读课文第4、5自然段，画出能体现广玉兰旺盛生命力的词句。

（1）“密集油亮的绿叶终年不败，始终透着生气，透着活泼。”这句话中哪些词最能体现它旺盛的生命力？（“终年不败”“始终”“生气”“活泼”）同学们真会读书。

（2）是怎样的一种叶子会让人感受“始终透着生气，透着活泼”呢？（出示广玉兰叶片）它的表面富有光泽，好像涂了一层蜡。它的背面是什么颜色的？这样的质感，这样的颜色，像春天里刚长出来的叶子吗？因为它“终年不败”。

（3）它的“终年不败”还体现在哪里呢？秋冬时节，引导学生读“广玉兰却披着一身绿叶，与松柏为伍，装点着自然”。《论语》中有这样一句话：“岁寒，然后知松柏之后凋也。”秋风萧瑟、大雪纷飞，唯有广玉兰与松柏身披绿衣。

2. 这是多么旺盛的生命力呀!

此时，我们也要情不自禁地赞叹……（齐读：我爱广玉兰的幽香与纯洁，更爱广玉兰无比旺盛的生命力）。

点评：广玉兰无比旺盛的生命力不仅表现在开花形态上，还体现在叶子“终年不败，始终透着生气，透着活泼上”。让学生做标注并交流的形式也把课堂的主动权交给了学生，促进了学生语言表达能力与思维的发展。

（四）探寻思想，领悟内涵

（1）俗话说“文如其人，情由心生”，为什么作者陈荒煤不仅看到了广玉兰的美，还看到了这样一种旺盛的生命力呢？快速默读有关作者的介绍，相信你会找到答案。

（课件出示：陈荒煤出身贫寒，儿时随母亲长期漂泊在上海。青年时期，他开始从事文艺活动，曾被捕入狱长达数月。后来，他有两年时间在中国北方流浪。“文化大革命”期间陈荒煤又遭受迫害，被判入狱监禁七年……流亡，是他一生的命运；苦难，是他终身的伴侣。在饱经流亡和各种磨难之后，他对生活仍充满希望。在其写作生涯中，他先后创作出版了20多部小说、报告文学、散文等，在中国现当代文学史和电影史上占有重要位置。）

（2）读了这段文字，你又明白了什么呢？

预设：作者陈荒煤一生经历坎坷和磨难，他用自己顽强的毅力与厄运做着不屈的斗争，这充满旺盛生命力的广玉兰是他真实的人生写照！作者最欣赏的就是广玉兰那旺盛的生命力。

师：这是一种借物喻人、借物抒情的写作手法。（板书：借物抒情）这样的写作手法我们先前学过的哪些课文里用过呢？（温故知新，请学生回忆并说一说）今天，老师再推荐其他作家的有关花的名篇给同学们，大家可以课后去阅读比较。（林语堂的《孤崖一枝花》、冰心的《樱花赞》、林徽因的《蛛丝和梅花》，等等）

点评：这一环节是本节课的升华部分，由广玉兰花旺盛的生命力到作者本身品格的补充，让学生明白这是一种借物抒情、咏物言志的写作手法。同时教师也将同样类别的名家名篇的散文推荐给学生，进行群文比读。因为一节课时间有限，教师可以在下一节课或课后与学生一起分析感受。

（五）写法迁移，妙笔生"花"

（1）同学们，白玉兰是我们连云港市的市花，除了白玉兰，还有红玉兰、黄玉兰、紫玉兰等。（边说边出示课件，展示各种颜色的玉兰花）

（2）学习就是为了运用。桃红柳绿花正好，最美四月在港城。前不久，苍梧绿园的花都开了，这些美丽的花都有旺盛的生命力，也有自己独特的品格。

作业超市：

（1）我们就来写一写苍梧绿园里开的花，选择你最喜欢的一种形态，用上一两种合适的表达方法，写出花的外在美与内在美。

（2）观察苍梧绿园里你喜欢的一种花，仔细观察它的形态与环境，创作一幅画。

（3）通过在本课的学习中所获得的信息，创作一首属于自己的花之歌。

（4）写一篇文章来描述一种花的生命周期。

（5）根据气候、土壤和其他信息，以图表的形式呈现一朵花的成长过程。

点评：差异化课堂教学理念在本节课也体现在课后作业的分层设计上。学生在学习完本课之后有各个方面综合能力的体悟和提升。在课后观察苍梧绿园花的时候，每个学生的兴趣点与能力是不同的。喜欢写作的学生可以选择作业超市的第一项作业去完成，喜欢绘画和唱歌的学生可以选择第二、三项作业，对科学感兴趣的学生也可以去研究第三项作业，喜爱数学的学生可以去写课后的第五项作业。本环节的作业设计极大地尊重了每名学生的个体差异，提高了他们的学习兴趣与作业期待。

（六）总结

最后，程老师送给大家一句罗丹的话：生活中不是缺少美，而是缺少发现美的眼睛。那么，课后就请同学们尽情去发现身边的美吧！今天的课就上到这里，请同学们课后完成基于差异理念的语文课堂学习观察表，先自评，再小组评价，最后上交给我，师评。

板书设计：

广玉兰

生命力　有顺序

善修辞

咏言志

经课后统计，全班有56名学生参加了本节课的学习，有31名学生取得了优秀的成绩，有20名学生的总分达到良好水平，有4名学生为及格，待合格有1名学生（见表7–5–1）。

表7–5–1　基于差异理念的语文课堂学习观察表

姓名：＿＿＿＿＿　时间：＿＿＿＿＿

项目		评价									水平等级
		师评			组评			生评			
		1分	2分	3分	1分	2分	3分	1分	2分	3分	
课堂学习是否投入	举手发言										1=好 2=一般 3=不好
	认真倾听										
	及时补充										
课堂学习是否自信	敢于表达										1=自信 2=一般 3=不自信
	敢于质疑										
合作学习是否投入	善于倾听										1=善于 2=一般 3=不投入
	积极表达										
作业是否认真完成	课前										1=认真 2=一般 3=不认真
	课中										
	课后										
是否善于思考问题	独立思考										1=善于 2=一般 3=不善于
	创新思考										
是否尊重他人	认真倾听										1=尊重 2=一般 3=不尊重
	中肯评价										

续 表

项目		评价									水平等级
		师评			组评			生评			
		1分	2分	3分	1分	2分	3分	1分	2分	3分	
是否完成学习目标	掌握知识										1=好 2=一般 3=不好
	掌握方法										
	掌握能力										
自我反思											
总评		得分：优秀（51~80分）良好（81~90分）合格（91~110分）不合格（111分及以上）									

【专家总评】

本节课具备差异化课堂教学的特征，主要体现在以下几个方面。

一、尊重差异，自由选择

教师站在学生的立场，从学生的喜好角度出发，让他们自由选择自己喜欢的广玉兰花的形态并进行分组。这体现了教师在学习上尊重个体差异，并善用差异。教师在开始教学前，确保每一个学生的注意力都十分集中；布置任务，让学生在选择位置时能听清楚要求，很有目的性，做到了快速准确。小组中有明确而具体的分工，人人参与其中。

二、交流展示，畅所欲言

在学生研读探讨出广玉兰开花形态的句子之后，教师给予学生充分的课堂平台，让学生进行展示与交流，聆听每一个人的发言，不打断，善补充。从始至终，教师对待学生的态度都是友善的、肯定的、充满热情的，多用激励性评价，真诚地去服务每一个学生的学习，成为学生意见的倾听者，让学生相信自己，大胆发言。

三、作业分层，关注评价

作业超市环节的设计极大地尊重了每个学生的个体差异，提高了他们的学习兴趣与作业期待。教师非常有必要站在“为学生的学习”的立场上探索改革，尽最大努力做到“为每一个学生的发展”，给予学生最真切的关怀与帮助，期待学生在面对每一天的学习和作业时都能够充满无限的兴趣与期待。

尊重差异感受　追求言意共生

——《桂花雨》教学设计

【教学设想】

《桂花雨》（苏教版国标本四年级上册第12课，P61~P64）是台湾作家琦君撰写的一篇回忆性散文。文中作者以童年时代的眼光看待事物，以“桂花香”为线索，描写了“摇花乐”的场面，将对故乡的思念，对童年生活的怀念，都散落在那阵阵的“桂花雨”中。文章语言清新，情感丰富而真挚，字里行间充满了香甜和温馨，是一篇值得学生阅读、积累的美文。文中有能够激发四年级学生阅读激情的“摇花乐”的体验，也有能够引发四年级学生阅读思考“思乡情”的感悟。根据文本特点和学生的年龄特点，教师运用“尊重差异感受，追求言意共生”的教学理念，充分运用文中的插图、关注文中的“浸”“缠”等关键字词，进行品读情境的创设，让学生结合自己的生活体验和已有知识储备，在品读、感悟、交流、练笔中对文本的理解步步深入，体会“母亲”说的“外地的桂花再香，还是比不得家乡旧宅院子里的金桂”所表达的感情，实现言意共生的教学目标。

【教学目标】

（1）指导学生有感情地朗读课文，感悟文中语言文字的美。

（2）联系上下文，体会课文中关键词句表达情意的作用，结合自己的差异感受，想象文中描写的情景，感受作者表达的情感。

（3）联系已有的知识基础，体会“外地的桂花再香，还是比不得家乡旧宅院子里的金桂”所蕴含的感情。

【教学重难点】

重点：从“摇花乐”中体会作者对童年生活的留恋和对家乡的怀念。

难点：理解母亲说的“外地的桂花再香，还是比不得家乡旧宅院子里的金桂”所表达的感情。

【教学过程】

（一）复习导入，设疑激趣

（1）今天我们继续学习第12课——《桂花雨》（学生齐读课题）。

（2）朗读词语：笨笨拙拙、香飘十里、不与繁花斗艳、炉烟袅袅、口占一绝、沉浸。

（3）找出描写桂花树姿态的词语。（笨笨拙拙）

过渡：桂花树长得笨笨拙拙的，我却最喜欢桂花，为什么？

点评：语文课堂上的双基训练不能丢。对于小学的语文课堂教学，基础中的基础莫过于掌握好生字词了。教师在课始安排了复习生字词这个环节，让学生认读本文中的生字词，体会“香飘十里”，理解“笨笨拙拙”，并以此为切入点导入文本的学习：“桂花树长得笨笨拙拙的，我为什么还喜欢它？”既起到了巩固基础知识的作用，又引发了学生对课文内容的梳理，很自然地导入对文本的学习。

（二）学习课文1~2自然段，感觉“桂花香”

1. 过渡

“桂子月中落，天香云外飘。”让我们一起回到九十余年前的浙江温州，去看看那株香气四溢的桂花树吧。

自学提示：

（1）自由朗读课文1~2自然段，找出最能体现桂花香的词句，做上标记，有感情地朗读。

（2）用上“因为……所以……”这一组关联词将下面这两句话连起来。

桂花成熟时，就应当“摇”，摇下来的桂花，朵朵完整、新鲜。如任它开过谢落在泥土里，尤其是被风雨吹打下来，那就湿漉漉的，香味差多了。

2. 交流预设

（1）抓住“迷人”“香飘十里”“浸”等词语，指导学生有感情地朗读，体会桂花的与世无争、香气迷人。

（2）（因为）如任它开过谢落在泥土里，尤其是被风雨吹打下来，那就湿漉漉的，香味差多了，（所以），桂花成熟时，就应当“摇”，摇下来的桂花，朵朵完整、新鲜。

点评：学生是学习的主人。这部分内容比较简单，学生完全有能力自主学习。因此，教师尊重学生的感受力，将学习的主动权还给学生，设计了自主学习的环节，让学生在自学、展示中自主学习领悟。教师发挥引导者、点拨者的作用，抓住关键的词句进行点拨，帮助学生深入感受桂花的“香”。

（三）学习课文3~4自然段，感受“摇花乐”

（1）快速浏览3~4自然段，找出你最喜欢的句子，圈画出来，在边上写下自己的感受，再和小组内的同学交流一下。

（2）交流展示，教师相机点拨，指导学生有感情地朗读课文。

预设交流重点：

①反复朗读、品味“妈，怎么还不摇桂花嘛！”

体会“缠”，联系生活实际表演，读出感觉。

②反复朗读、品味“啊！真像下雨！好香的雨呀！”

教师范读，让学生体会作者前后心情的不同。（兴奋、陶醉）

引导说话：

“又细又密的桂花落得我们满头满身，让我们做个深呼吸……”你仿佛看到了什么？那是怎样的感受？

③反复朗读、感悟父亲的诗“细细香风淡淡烟，竞收桂子庆丰年。儿童解得摇花乐，花语缤纷入梦甜”，联系上下文说说你对诗句的理解。

④比较“香”的内涵：

“全年，整个村庄都沉浸在桂花香中”与“桂花开得最茂盛时，不说香飘十里，至少前后左右十几家邻居，没有不浸在桂花香里的”两句话中的“香”的意思一样吗？

点评：渗透必要的学法指导能更好地提高学生的学习效率。在这一部分教学中，教师采用“读—找—画—写—说”的教学方法，紧扣语言文字，努力创设言意共生的和谐境界，让学生读出情味。抓住“缠”“啊！真像下雨！好香的雨呀！”这些富有生活气息而又充满童趣的画面，让学生调动自己的感受、经验进行语言训练，使学生有话可说。对前后两个“香”的比较理解，使学生通过差异化的感受，深入体会摇桂花给作者、给乡亲们的生活带来的快乐，对后文感悟“思乡情”做了很好的铺垫。

（四）学习课文5~6自然段，感悟“思乡情”

（1）引读第5自然段：桂花的香，摇花的乐，花雨的美，让作者魂牵梦绕，因此，以后我从外地回家时，总要捧一大袋桂花给母亲。可是母亲常常说：“外地的桂花再香，还是比不得家乡旧宅院子里的金桂。”

你是如何理解母亲这句话的？有感情地品读母亲的话。

（2）导读第6自然段，练笔：

每到这时，我就仿佛看到了______________________________，

仿佛听到了_________________________________……

我就会想起童年时代的“摇花乐”和那阵阵的桂花雨。

（3）思乡，是人类永恒的话题，古往今来，多少文人墨客将自己浓浓的思乡之情倾泻在笔端。交流积累的抒发思乡之情的诗句。

（4）探究：作者为什么最喜欢桂花？

（五）拓展延伸，激发阅读、表达兴趣

（1）阅读琦君的文章就好像翻阅一本旧相册，一张张泛了黄的相片承载着如许浓厚的记忆与怀念。时间是20世纪的三四十年代，地点是作者魂牵梦绕的江南。琦君的代表作品有散文集、小说集及儿童文学作品30余种。建议同学们课后去读一读。

（2）提起手中的笔，写写自己生活中的趣事。

【专家总评】

本节课的设计亮点很多，其中有三点尤为突出：

第一，尊重学生差异性的学习经验，引导学生步步深入体会作者“为什么最喜欢桂花”。教学每篇课文，都应该把握住文章的主线，抓住文章中的关键性语句，设计好主导性的问题，引导学生层层深入地阅读文本，理解文本。本节课上，周老师紧紧抓住了文章开头的第一句话“小时候，我最喜欢桂花”，引导学生设疑：“桂花树长得笨笨拙拙的，‘我’为什么最喜欢桂花？”围绕着这个问题，进入文本进行朗读、感悟。学生在学习过程中，运用自己已有的学习经验，通过感受桂花香、体会摇花乐、抒发思乡情，层层深入地理解了文本，对“小时候，我最喜欢桂花”的感受也越来越深刻。

第二，尊重学生差异性的感受体验，感悟作者和母亲的“思乡情”。“思乡情”，对于四年级的学生来说是理解的难点。教师能够充分运用学生生活和

学习中的差异性情感体验、经验和已有的学习经验，通过品读关键词句，联系生活体验想象说话，拓展交流已积累的抒发思乡之情的诗句……引发学生对文本的进一步思考；带领学生鉴赏了语言、亲近了文本，直观地感受思乡之情。

第三，延伸与开放的结课方式，为丰富学生的差异感受搭建平台。一节好课的结尾不是画上了一个句号，而应该是拓展和延伸。教师凝练的语言，有感情的导读，使文章的主题得到升华，使学生的思维向更深处发展，将学生的视野由课内延伸到课外，由读文本，到读作者其他作品，再到写自己的故事，达到课虽尽，而意犹远的效果。

差异表达　成就自我

——《黄山奇松》教学设计

【教学设想】

五年级的学生已经学习、阅读过多篇描写祖国秀丽景色的文章，如《九寨沟》《西湖》《泉城》等，领略了祖国的秀丽风光，对祖国的风景名胜充满了向往。对于黄山，他们略有耳闻，但对于黄山奇松的千姿百态、神奇秀美，小学生由于年龄小，视野不开阔，缺乏感性认识。教师要引导他们感受黄山三大名松的奇、美，读出对它们的喜爱之情，培养审美情趣，激发学生对祖国大好河山的热爱之情。

【教学目标】

（1）自主学习课文，培养独立识字、理解和积累词语的能力。

（2）朗读课文，体会黄山奇松的姿态美，感受语言文字的表达效果。

（3）书写优美句段，掌握行款要领，能把句子写优美。

【教学重难点】

重点：朗读课文，体会黄山奇松的姿态美，感受语言文字的表达效果。

难点：书写优美句段，掌握行款要领，能把句子写优美。

【教学过程】

板块一：初读课文，感受黄山奇松

1. 导入课文

明代著名的旅行家、文学家徐霞客说过，“五岳归来不看山，黄山归来不看岳”。今天我们就一起来学习一篇关于黄山的课文——《黄山奇松》（板书课题，指名让一学生读，然后全班齐读）。

（读得好：我听出来了，你把“奇”字加重了，一下子就把黄山松的特点突显出来了。我们像他这样把课题齐读一遍。黄山什么样的松？能读出来吗？再试一试。只要强调一下“奇”字，黄山松的特点就读出来了，一起读一下课题。）

2. 评价自己

课前，同学们把课文读了两遍，谁来评价一下自己读得怎么样？

（看来你很自信，自己就能把课文读正确、读流利，不简单！读得还行：能发现自己学习不足的孩子，才是真正会学习的孩子。）

点评：差异教学把学生视为成长中的人，尊重人的差异，激发人的潜能，关注人的个性化成长。本环节让学生自己评价自己，鼓励学生进行朗读，为学生树立了自信心。面对有差异的学生，实施有差异的教育，促进有差异的发展，进而获得有差异的成功。

3. 交流展示

同学们，学习是一种分享的过程。我给同学们3分钟时间，把课文再读一读，把你认为最值得提醒大家注意的地方圈一圈、画一画，按照这样的提示（课件出示）交流交流。好，开始准备吧。

（课件出示：自主学习，交流展示。①我认为这些生字的学习需要提醒大家注意；②在理解这些词语的时候，我有不错的方法；③我能从课文的内容中读出黄山松的“奇”。）

（1）学生自读课文，圈画准备交流的地方。教师巡视（在读的过程中遇到需要提醒大家注意的，写到黑板上），了解学生想提醒注意的地方（音、形、义）。请学生把想提醒大家注意的字词写到黑板上（字词“誉为”等3个词语，四字词语“情有独钟”“饱经风霜”2个词语）。

（2）组织交流：刚才有几位同学已经把要提醒大家注意的字词写到黑板上了，那么，我们就听听他们是怎么提醒大家的！

① 交流生字词，相机教学“誉为”。

这个词（指）是哪位同学写的？你为什么写这个词？

书写：在写“誉”这个字的时候，你想提醒大家注意的是什么？在书上描红一个。

理解（出示“被誉为‘天下第一奇山’的黄山，以奇松、怪石、云海、温泉‘四绝’闻名于世，而人们对黄山奇松，更是情有独钟”）：“誉为”这个词，你是怎么理解的？（直接理解为“称赞”：你不但读懂了词语的意思，还能读出作者的感情。理解为“称为”：这里面仅仅就是“称为”的意思吗？这个词还流露出作者怎样的感情？）

比较（出示课文中的另外两个句子）：我觉得这两句话中加点的词语，也可以换为“誉为”，同学们读一读，你同意吗？（请2名同学说。）

黄山最妙的观松处，当然是曾被徐霞客称为（誉为）“黄山绝胜处”的玉屏楼了。（结合“最妙的观松处”“黄山绝胜处”来辨析。）

送客松姿态独特，枝干盘曲，游人把它比作（誉为）“天然盆景”。

（同意：说说你的看法。看来这两句话不仅有称为的意思，还有作者的赞美。

不同意：说说你的看法。“誉为”这个词语固然很好，但是都用这个词语，课文就单调了。同样的意思用不同的词语来表达，语言就显得丰富了。）

② 交流四字词语，相机指导理解词语的方法。

这个词语是哪位同学写的？说说你是怎样理解的？

联系上下文理解词语的意思，这是一种非常好的方法。还有一种方法，就是抓住词语中关键字的理解。

认为理解了哪个字，整个词语的意思也就能理解了？（出示“情有独钟”）“钟”在字典里怎样解释，请同学选择义项，说说选择的理由。

通过查工具书，我们对词语的理解就更准确，用起来也会更妥帖。说一说，你对什么情有独钟？（学生用“情有独钟”说话。）

旅游：好，行千里路，读万卷书。

书法：不错，写一手好字，字如其人。

阅读：读名著就是在和大师对话。

绘画：如果没有美术，世界就变得简陋而枯燥。

运动：嗯，运动使人更强壮、更阳光。

音乐：嗯，音乐带给人灵感。

玩游戏：老师也偶尔玩玩，但是要懂得节制哟。

③ 朗读展示：人们对黄山奇松情有独钟，那么，黄山松“奇”在哪里呢？你能从课文中读出来吗？［在听学生朗读的时候，一是反馈学生在读正确、读流利方面做得怎么样，不足的地方可以让学生再读一读；二是让学生针对所读内容说说黄山松“奇”在哪儿，初步感受课文；三是在朗读的时候相机板书：（迎客松、陪客松、送客松）。相机出示（它们或屹立，或斜出，或弯曲；或仰，或俯，或卧；有的状如黑虎，有的形似孔雀……）］

读得好：老师认为这句话最难读了，听你朗读时发现，你读到分号时停顿的时间长了一些，省略号读得意犹未尽，为什么这样读？注意到了分号，读出了层次。你注意到了省略号，你的朗读带给大家更多的想象。

读得不好：这句话中有2个分号，1个省略号，你能把它们通过朗读表现出来吗？

读好后：这样一读，文章的层次就出来了，课文读得就更有味道了。

点评：没有爱就没有教育，没有尊重就没有教育。差异教学坚持学生是教学活动的主体，关注学生的体验，关注学生的发散思维，关注学生的学习自由。差异教学承认每个学生独有的价值，张扬个性。同学课堂、深度学习……本教学环节教师尊重学生的意见，给学生创设多样化的情境进行理解与朗读，教与学、学与教，交互影响，真正实现教与学的统一，使教学行为发生深刻变化。

板块二：品读课文，走近黄山奇松

（1）（指着板书）这篇课文重点写了“迎客”“陪客”“送客”三大名松，在这三大名松中，作者又把大量的笔墨用在了迎客松身上。

（课件出示：迎客松姿态优美，枝干遒劲，虽然饱经风霜，却仍然郁郁苍苍，充满生机。它有一丛青翠的枝干斜伸出去，如同好客的主人伸出手臂，热情地欢迎宾客的到来。如今，这棵迎客松已经成为黄山奇松的代表，乃至整个黄山的象征了。）

（2）请同学们轻声地读一读，从这段文字中你读出了什么？说说你的理解。

①迎客松饱经风霜，充满生机。

想象一下，迎客松会经历怎样的艰难？（狂风吹、暴雨打、大雪压等）但是它仍然郁郁苍苍、充满生机，令人敬佩。谁愿意再读读这一句？

②迎客松热情好客。

读一读，作者是怎样把它的热情好客写出来的？（用打比方、联想的方法进行描写，把迎客松的热情好客生动形象地展示在我们的眼前。）

③迎客松是黄山松的代表、黄山的象征。

（出示相关图片）请同学们看看这几幅图片，对这句话又有了怎样的理解？黄山的门票上印的是迎客松，黄山的纪念品上刻的是迎客松，就连人民大会堂的宴会厅里也有它的身影，可以看出迎客松是黄山松的代表，是整个黄山的象征，甚至成了我国人民热情好客的象征。同学们看看这几幅图片，你对这句话又有了怎样的理解？

（3）拓展阅读：同学们，一位诗人观赏了迎客松后也忍不住写下了这样一首诗（出示），我们一起来读：奇松傲立玉屏前，阅尽沧桑色更鲜。双臂垂迎天下客，包容四海寿千年。哪名同学再来赞美一下这姿态优美、充满生机、热情好客的迎客松？并用你的朗读表达出来。（配乐朗读）

点评：学生的学习能力千差万别，而且这种差异对学生的学习成效有着一定的影响。学习能力强的学生学得既快又好，学习能力弱的学生学得既慢又差。本环节更关注学生的学习能力差异，学习目标有所区别，主要是提高学生的认知性学习能力和交往性学习能力，从而达到“学会学习”“教是为了不教”这样的教学理想状态。

板块三：抄写句子，回味黄山奇松

（1）指导观察：这么美的句子还应该抄写下来，加深一下印象。（出示楷书作品）这是马老师学写的作品，请同学们观察一下我们在抄写句子时应该注意些什么。

（2）相机指导：写在横格的中间位置，心中有条线；字大小匀称，间距紧凑；两端对齐。

（出示口诀：行款书写要居中，作品两端要对齐。字体大小要匀称，间距疏密要适宜。）

（3）学生抄写。

（4）写后交流，重点围绕刚才的口诀进行评价。

点评：教学策略的多元化主要体现在课堂上。不同的学生具有不同的智力倾向和不同的学习方式，单一的教学策略和方法只会对某些学生有利。本环节教师指导学生观察，传授学生书写口诀与要领，在写后交流时进行了个性化的评价。

板块四：对比阅读，感悟黄山奇松

丰子恺也写过一篇《黄山松》，请同学们找来读一读，比较两篇文章在写法上有什么异同。

图7–7–1为抄写内容：

迎客松姿态优美，枝干遒劲，虽然饱经风霜，却仍然郁郁苍苍，充满生机。它有一丛青翠的枝干斜伸出去，如同好客的主人伸出手臂，热情地欢迎宾客的到来。

节选自《黄山奇松》 甲午之秋马玉春书

行款书写要居中，作品两端应对齐。
字的大小要匀称，间距疏密要适宜。

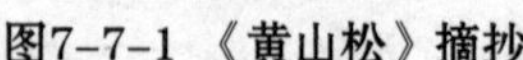

图7–7–1 《黄山松》摘抄

点评：差异教学的研究缩短了教师的成长周期，因为长期关注学生、研究学生、唤醒学生，采用适合学生发展的策略教学，直接提升了教师的教学效果、教育成效。教学是一个教学相长的过程，教师在这其中能力也得到了提升，成为研究专业型的教师。

【专家总评】

正是因为差异，才造就了世界的丰富多彩；也正是因为差异，才需要我们站在差异的角度看待和研究问题。本节课教师针对学生的差异，采用了不同的教学方法。

一、给每一个学生建立信息库

学生的信息库就是学情的展示库，就是本节课的教学起跑点，教师在上本节课前已经做好了充分的准备，让学生进行预习、自评，预设功夫下得很深，教学效果不言而喻。

二、营造并形成“三自”的学习氛围

尊重学生的个性差异。教师别出心裁地设计了对学生具有挑战性的学习任务，由此激发了学生的自发、自课、自励意识，从而实现自知、自躬、自认的跨越。

教师设计了富有挑战性的学习任务，唤醒学生的“三自”（“三自”，即自发、自课、自励）意识，使学生投入学习与发展之中，从而达成“三自”，即自知、自躬、自认。

三、三段式的差异教学模式

教师非常典型地运用了“三段式”差异教学模式。课前的问学和梳理尊重学生的差异，厘清课的出发点；课中互学与分享坚持学生是课堂主人的立场，确保每个学生都站在课中央；最后的拓展与延伸是差异教学的目标，即助力学生的差异化发展，对比文章的差异，实则为助力学生发现写作方法、写作思维的差异，激发自身的差异思维以及差异发展。

语文课堂因差异而精彩

——《三顾茅庐》第二课时教学设计

【教学设想】

实践证明，学生之间的差异可以增加课堂教学的生机和活力。依据“向全体学生开放，向学生的思维开放，向学生的未来开放”的教学理念，本着“品读词句，悟其写法，延伸阅读”的教学思路开展教学，着眼于学生语言习得和学习方法的指导。

【教学目标】

（1）通过文章中刘备的语言、动作，体会其请诸葛亮出山的诚心诚意，以及尊重人才的优秀品质。

（2）体会文中三个比喻句前后两部分之间的关系，理解课文通过人物语言、动作刻画人物形象的写作方法。

（3）欣赏文中描写的隆中美丽景色，积累文中的优美词语。

【教学重难点】

通过体会文章中刘备的语言和动作，感受刘备的诚心诚意，学习刘备尊重人才的优秀品质。

【教学准备】

教师：多媒体课件。

学生：阅读《三国演义》（学生版）。

【教学过程】

（一）复习词语，整体把握

出示词语：

刘备	关羽	张飞	诸葛亮
疏疏朗朗	清澈见底	青翠欲滴	秀丽宜人

下马步行	轻轻敲门	轻轻走进	恭敬等候
群雄纷争	三分天下	最后取胜	统一中国

（1）谁愿意读读这些词语？

（2）听读以后，你有什么发现？（第一排词语都是课文中人物的名字，第二排词语都是写隆中景色，第三排词语都是写刘备的动作，第四排词语都是写诸葛亮对当时中国的形势分析后提出的取胜策略。）

（3）连起来再读读这四组词语，看看你又有什么发现？（连起来读能概括出文章的主要内容。）

（4）尝试说说课文的主要内容。（刘备带着关羽、张飞诚心诚意地去请诸葛亮出山辅助自己实现统一中国的大业。他们来到隆中，只见那里的松林疏疏朗朗，那里的溪流清澈见底，那里的竹林青翠欲滴，那里的景色秀丽宜人。离诸葛亮的住处还有半里路，刘备就下马步行；来到诸葛亮的家，刘备上前轻轻敲门，然后轻轻地走进去；听说诸葛亮正在睡午觉，刘备就在堂下恭敬等候。诸葛亮醒来后，向刘备分析了群雄纷争的形势，提出了三分天下、最后取胜、统一中国的策略。）

点评：字不离词，词不离句，句不离段，段不离篇，本段教学将其有机地结合起来，有助于培养学生整体感知的能力。而且在学生注意力最集中的黄金时间让学生认读词语，分类归纳，练习说话，既达到了温故知新的目的，又丰富了词汇，历练了语言，训练了思维，让学生整体感知了课文的主要内容，同时也教给了学生概括课文主要内容的方法。在发现词语规律、概括内容中关注学生学习差异，实现差异共享。

（二）感知地灵，借景喻人

刘备两次前往隆中拜访诸葛亮，都没有见到他，于是带着关羽、张飞第三次来到隆中。诸葛亮就住在隆中的卧龙冈。这是一条怎样的山冈？

出示句子：他们来到隆中，只见那里的山冈蜿蜒起伏，好像一条等待时机腾飞的卧龙。

（1）什么叫作“蜿蜒起伏”？借助插图和手势理解。

（2）作者把蜿蜒起伏的山冈比作卧龙，除了因为山冈的形状像卧龙，你还能读出什么？

（还能看出隐居在这里的诸葛亮也像一条卧龙，等待着施展才华时机的到来。）

（出示句子：冈前几片松林疏疏朗朗，潺潺的溪流清澈见底，茂密的竹林青翠欲滴，景色秀丽宜人。）

（1）这段话里面写了哪几种景物？（松林、溪流、竹林）

（2）这是怎样的松林？（疏疏朗朗）。那么稀疏，那么清晰，那么空灵，读好这个词语——疏疏朗朗。

（3）怎样的竹林？（青翠欲滴）。那颜色绿得都快要流出来了！那颜色绿得已经流出来了！再读青翠欲滴。我们可以设想：诸葛亮一定会经常在里面弹琴、看书，那种日子真让人羡慕！

（4）怎样的小溪？（清澈见底、潺潺流动）。那么透明，溪底的小石头、小鱼都看得一清二楚。读清澈见底、潺潺流动。

（5）这里的景色秀丽宜人，诸葛亮就在这景色秀丽的隆中过着晴耕雨读的生活，悠闲自在。谁再来读读这句话。

点评：获得语言的途径有很多。“环境烘托人物形象”可以作为这篇课文的特质定位，为此，创设情境，引导学生展开想象，品读词语，感悟景与人之间的关联，也教给了学生写作的一种方法。让学生读出理解，读出想象，读出差异。

（三）品析言行，体会尊重

刘备是怎样请诸葛亮这条卧龙出山的呢？请大家自读课文第2自然段。

1. 品言

张飞嚷道：“这次用不着大哥亲自去，他如果不来，我只要一根麻绳就把他捆来了！”

刘备生气地说：“你一点儿也不懂尊重人才，这次你就不要去了！”

（1）什么叫“嚷”？谁来读一读张飞的话？

刘备怎样“生气”地说？谁来读一读刘备的话。

（2）导读：我们抓住张飞和刘备说话时样子的词就能把这两句话读好。

2. 析行

（1）默读课文第3自然段，边读边画出描写刘备动作的词。

（2）交流：下马步行、轻轻敲门、轻轻走进、恭恭敬敬地站、等候、快步走进。

（3）想一想：从这些动作当中，你体会到什么？

（“下马步行”：说明刘备是诚心诚意去请诸葛亮的，对人才虔诚，渴求人才，怕惊着诸葛亮。

“轻轻敲门”：体会到怕惊扰诸葛亮，同时又显得自己很有礼貌。

“轻轻地走进去”：体会到怕吵醒诸葛亮，对诸葛亮的尊重。

“恭恭敬敬地等候”：体会对诸葛亮有礼貌，是诚心诚意请诸葛亮的，是发自内心的求贤求才。

“快步走进”草堂，同诸葛亮见面：又让我们体会到刘备不想让诸葛亮等得太久，求贤若渴，希望快一点见到人才。）

（4）指导学生读好这些词语：

“下马步行”——刘备心中就是这么虔诚；

“轻轻敲门”——敲得轻一点，不要惊扰了诸葛先生；

“轻轻地走进去”——走得轻一点，可别惊醒了正在睡觉的诸葛先生；

“恭敬等候”——就这样诚心诚意地等待；

“快步走进”——动作快一点，可别让诸葛先生等得太久。

（5）读好了这些词语，这段话也就读好了。再读一读。

（6）只要我们记住了刘备的动作，就能很容易地把这段话背诵出来。引背。

（7）小结提升：“下马步行”是“尊重”，“轻轻敲门”是“尊重”，“轻轻地走进去”是“尊重”，“恭敬等候”是“尊重”，“快步走进”还是“尊重”。除了“尊重”，还是“尊重”，难怪张飞说要把诸葛亮捆来时刘备生气地说：“你一点儿也不懂尊重人才，这次你就不要去了！”——这还是“尊重”。

（8）把诸葛亮请出山后刘备又是怎样做的呢？请同学们读读课文的第5自然段。

教师补充：大家或许并不知道，刘备当时已40多岁，诸葛亮才20多岁，刘备整整比诸葛亮大了20岁。刘备是当时大名鼎鼎的“刘皇叔”，而诸葛亮却是一个“一无文凭，二无地位”的农民，刘备把他当作自己的老师，由此可见，他对人才的“尊重”。

3. 明法

课文把张飞的脾气暴躁，把刘备的“尊重人才”写得栩栩如生，这就是作者通过人物的语言和行动描写使然。今后作文时我们也可以尝试运用这些写

法。（板书：语言、动作）

点评：细节描写，突出人物性格特征，刻画人物生动形象，使人物形象跃然于纸上。语文教学要采用语文的方式来教学生学习语文。采用语文的方式教语文，是语文自身的一种召唤，是语文本体的一种回归。语文的方式简单地说，就是“读”“思”“品”“悟”“议”“说”“写”。这些方式虽然古朴，但教师在课堂上能够把这些方式运用得如此鲜活而又灵动，有效地帮助学生通过细节去感受人物的形象，让学生在审视、掂量、咀嚼、玩味文本细节的过程中，聆听语言的声音，明辨语言的色彩，掂量语言的分寸，触摸文本的“脉搏”，得意、得言、得法。本环节，教师只是导，让学生在读中发现，在差异化的理解中实现多种共生。

（四）感受才华，升华主题

（1）刘备之所以如此尊重诸葛亮，是因为诸葛亮有非凡的才华。我们从诸葛亮为刘备分析天下形势的《隆中对》中足以体会到：

诸葛亮分析了群雄纷争的形势，提出了三分天下、最后取胜的策略。

（2）有人说，“书生论武事，大都纸上谈兵”，可是诸葛亮却说得头头是道，当时的天下，北有曹操，东有孙权，刘备居无定所。诸葛亮建议刘备在西方建立自己的地盘，然后逐步统一中国，使得刘备茅塞顿开。

（3）出示句子：

刘备听了茅塞顿开，像拨开云雾见到了青天。

刘备对他的结拜兄弟关羽和张飞说：“我得到诸葛先生，就像鱼儿得到水一样啊！”

他们来到隆中，只见那里的山冈蜿蜒起伏，好像一条等待时机腾飞的卧龙。

（4）这三个句子都是比喻句。试比较以下三句话：

那里的山冈蜿蜒起伏。

刘备听了茅塞顿开。

我得到诸葛先生真好。

通过比较品读，领悟原句描写得具体。教师在此基础上揭示关系：这些句子后半部分是对前半部分形象具体的说明。

（5）诸葛亮出山以后，帮刘备打了哪些胜仗？

（火烧赤壁、草船借箭、三气周瑜、七擒孟获……）

（6）这正是初出茅庐、才华横溢、料事如神、胆大心细。

刘备死后，诸葛亮又尽心竭力地扶持刘备的儿子刘禅，真正做到了——鞠躬尽瘁、死而后已。

（7）20年后，刘备已死，诸葛亮在他的《出师表》一文中提起当年刘备“三顾茅庐”一事，说：

“臣本布衣，躬耕于南阳，苟全性命于乱世，不求闻达于诸侯。先帝不以臣卑鄙，猥自枉屈，三顾臣于草庐之中，咨臣以当世之事，由是感激，遂许先帝以驱驰。”

回顾一下整篇课文的内容，想一想刘备三顾茅庐得到的是什么？（诸葛亮的“感激”）

（8）《三顾茅庐》这个故事来自我国古典名著《三国演义》。《三国演义》的开头有一首词，有人把它谱成了一首歌。一起欣赏：

滚滚长江东逝水，浪花淘尽英雄。是非成败转头空。青山依旧在，几度夕阳红。白发渔樵江渚上，惯看秋月春风，一壶浊酒喜相逢，古今多少事，都付笑谈中。

（9）“古今多少事，都付笑谈中。”但刘备对人才的“尊重”让我们无法忘怀。正是有了这种“尊重”，才有了一段刘备“诚心诚意”三顾茅庐的千古佳话。让我们再读读这个词语——“尊重”，让我们学习“尊重”这种行为！

点评：新课标提倡开放语文，认可超文本解读，但有一个最重要的前提——务本。这里的“本”有两层含义：一是文本，二是生本，即以文本基础价值取向为本，以学生发展为本。因此，语文的学习不能只停留在课堂上，还要注重课外的学习。教材无非就是个例子。本课教师不局限于文本，有机结合教材适当引进相关内容，加深学生对课文内容的理解，升华文章的主题；通过学一篇，激发读一本，让优秀的学生课外再“吃饱”。

（五）布置作业

（1）背诵课文第3、4自然段。

（2）课外阅读《三国演义》。

板书设计：

三顾茅庐

刘备（如鱼得水）	诸葛亮	语言
诚心诚意	雄才大略	动作

【专家总评】

小学语文教材改编名著的做法由来已久。从教材编撰的角度来说，是为了提高小学语文教材的文化品位；从学生发展的角度来说，是为了让小学生尽早地接触、了解并亲近名著，在涵泳体察中增进人文素养。古典名著类课文，无论是改编的还是节选的，其故事情节、人物形象、文本意蕴都是悠远而隽永的。教学这类课文，如果仅仅局限于文本一隅，就课文教课文，教学视野未免狭隘；仅仅向学生推介一下原著，更不能达到名著类课文教学应有的目标。一般来说，古典名著类课文语言的鲜活、情节的曲折与原著往往无法相比，选自长篇著作的更是如此；改编本的语言风格有时也与原著相差比较大。不少学生接触了原著之后，对教材文本感到“不过瘾”。如何解决这个问题呢？本节课做了很好的诠释。探寻源头，挖掘经典文本的内涵，在学习文本的基础上引进原文，加进作者的人生际遇，接近经典名著的源头；同时找准切入点，理清文本的教学主线。本文教学就是抓住“诚心诚意”这个切入点，很好地理解文本，调动积累，激发学生的阅读期待。在教学经典名著时，教师充分利用学生已有的知识，激发学生阅读经典的兴趣；运用音像资源，为学生搭建学习的乐园。很多经典名著都是与历史密切相关的，具有时间、空间、人物的特定场景。本课教师有意识地引入具有一定情感色彩、形象具体的历史场景，让学生有切身的体验和感悟，激发学生探究的欲望。

此外，本课教师具有开阔的眼光。解读这篇文章时，从整体上关注全文，再从语文教育本体论的角度，即“什么是语文教学”出发，审视自己的阅读教学。这是一次真正的阅读教学，没有仅在文本的精神层面滑过，以言表意，回到语用的层面，抓住关键字、词、句，挖掘出文字背后的深层含义，实现了言和意的共生共长。

差异教学视差异为一种重要的教学财富和巨大的教学资源，视课堂为学生展示自己独特性的舞台，承认差异，共享差异，以弥补个人经验的不足和视野的局限性。本节课就是学生与学生之间、学生与教师之间通过交往互动不断展示差异、共享差异的过程。

尊重差异化感受：用散文的方式读散文

——《望月》教学设计

【设计理念】

《望月》是赵丽宏先生的一篇散文。这类文学性散文表达的是作者独具个性的所见所闻、所思所感。我们阅读这样的散文“不仅仅是为了知道作者所写的人、事、景、物，而是通过这些人、事、景、物，触摸写散文的那个人，触摸作者的心眼、心肠、心境、心灵、心怀，触摸作者的情思”。（王荣生《散文阅读教学设计的原理》）

《望月》一文以“望月”为线索，记叙了“我”独自望月，再与小外甥交谈，继而望着月亮展开想象的事。在这个过程中，文章表达了“望月”的种种感受，既有不同的人望月的不同感受，又呈现了同一个人望月也会有不同感受的奇妙变化。这些独特的“人生体验”，正是需要学生在阅读时去理解与体会的。《望月》的文字清丽淡雅，写景、叙事都条理井然而又富有情趣。揣摩其表达特点，学生也可以在“语文经验”上获得提升。

阅读一篇散文，正是要“建立学生的已有经验与‘这一篇’散文所传达的作者独特经验的链接”。面对《望月》这篇文章，我们认为对话是连接学生与文本、作者的“最佳路径”。通过对话，创设丰富的学习情境，引导学生沉浸于文本传达的氛围中，从而获得最佳的阅读体验。

【教学目标】

（1）朗读课文，体会“望月”的丰富感受，理解“童心”给作者带来的变化。

（2）揣摩文章精准的语言表达特点，练习有条理、有情趣地进行表达。

【教学过程】

（一）感受望月之美

（1）导入：同学们，这节课我们继续来读赵丽宏先生的散文《望月》。你还记得文章主要写了什么事吗？

（请学生概述文章主要内容。）

（2）师：夜深人静，“我”在江轮甲板上欣赏到了一片江上月色。请同学们自由地、轻轻地读第2自然段，一边读一边回忆上一节课阅读的体会。

（学生自由朗读第2自然段。）

师：这段话一共有四句，每一句都是一幅画。如果请你选一句来读，用你的朗读把这幅画展现在大家面前，你最想读哪一句？

（指名学生朗读，并组织交流：这句话中打动你的是什么？）

（引导学生回顾江上月色所呈现的丰富的美——或安静，或活泼，或神秘，或朦胧……）

点评：课始，请学生回顾第一课时的学习所得，既是对旧知的复习巩固，也为进一步深入阅读奠定了基础。这几分钟的学习活动以复习为主，学生在读一读、说一说的过程中，慢慢调动起学习状态，这犹如运动员赛前的热身活动，是必需的。

（3）师：老师来考考大家是不是真的读懂了这些句子。考的方法就是请你读（请四名同学各负责一句话）。谁先读谁后读，你们要根据我的提示来判断。其他同学如果认真听就能在他们的朗读中发现这段话写作上的一个秘密。

师导读：夜深人静，我悄悄地走到江轮甲板上坐下来。抬起头，只见……（学生接读第一句）。低头看看脚下……（学生接读第二句）。向远处放眼望去……（学生接读第三句）。啊！……（学生接读第四句）。

组织交流：你们发现这段话写作上有什么秘密？

引导学生理清作者的写作顺序——由上到下，由近到远。

思辨：加上这些连接的语句，好不好？

讨论交流。

小结：加上这些是显得更清楚了，但清楚得就像一份说明书，显得僵化、机械，失去了散文应有的韵味。这样的散文不一定要写得很实，留点空白往往更美。

（4）过渡：现在，让我们一起再来美美地欣赏这江上的月色。

（学生有感情地朗读。）

师：在江轮甲板上，欣赏着这一江月色。如果请你用一个词说说它给你的感受，你想用哪个词？

（指名学生回答。安详、幽静、宁静、优美、清幽旷远……）

师：这也是赵丽宏先生通过这段文字传达给我们的他自己的感受。

点评：歌德说，内容人人看得见，含义只有有心人才能得之，而形式对于大多人而言却是一个秘密。“江上月色图”恰似一幅徐徐展开的画卷。这幅画上有些什么？学生通过朗读、想象，对于“内容”都能看见。这些“内容”看似信手拈来，细细品读，却能发现赵丽宏先生的匠心独运，表达得极有条理。这是学生关注不到的地方。教师以师生合作朗读的形式，通过添加一些连接的词句，使之清晰化，帮助学生发现了这一写作的秘密，将学生的思考又推进了一步。添加了这些到底好不好呢？这就涉及语言风格的品鉴，可以让学生初步感悟散文语言的含蓄。言有尽而意无穷，写作并非说得越实越好。

（二）品味“望月”之情

（1）师：我们读散文就是要去体会作者彼时彼刻的感受。当然，在一篇文章里，作者的感受可能是在不断变化的。比如当我和小外甥一起望月，一起背诵关于月亮的古诗时，那应该又是另一种感受了。那就让我们回到江轮甲板上，同桌之间你一句、我一句，读一读写他们比赛背诗的第6~12自然段。

（同桌配合朗读第6~12自然段。）

师：第12自然段的那个省略号告诉了我们什么？请同桌之间再来比一次，这次不是读了，而是看谁背得多。

（同桌比赛背诗。）

师：下面，我来做文中的“我”，谁来做“小外甥”？

（师生配合背诗，教师适时引导更多学生参与背诗活动。）

（2）师：你们真棒！和小外甥一样，都是聪明好学的孩子！和你们一起背诗，真是件有趣的事。刚才大家背了那么多写月亮的诗，这让我又想起了一句大诗人李白写的诗（板书：今人不见古时月，今月曾经照古人）。谁来读？能大概说说是什么意思吗？（指导学生尝试解释）这里写到了“人”，写到了“月”。谁一直没变？变了的是谁？

（学生交流）同一个月亮，不同的人也许会看出不同的感受。请同桌从文中选择一两句诗，讨论：诗中的这些月分别给你什么感受？

同桌先讨论，再组织全班交流。请学生结合文中诗句，谈谈诗人“望月”的不同感受。（或思念亲人，或孤独寂寞，或思念故乡，或依依不舍……）

（3）师：是呀！不同的人望月，望出的是不同的感受。带着这些感受再读“我”和小外甥的对话，我们读出的一定不只是有趣，更有诗的意境和我们的体会。你看，明月朗照，月光洒落，江面上波光粼粼，水波荡漾……我们来背诗，好吗？

女生背：小时不识月，呼作白玉盘。

男生回：明月几时有，把酒问青天。

男、女生分角色读诗句。

师：这些诗句熏陶着我们、滋养着我们，就像这月光笼罩着我们、沐浴着我们一样。所以，赵丽宏先生说……（学生齐读第13自然段）

点评：文章里，“望月”是一件事，这显而易见。然而，“人生代代无穷已，江月年年只相似”。千百年来，人人望月，不同的人望出的又是不一样的感受。望月，就成了一种独特的文化。教师先营造出“对诗”的情境，让学生沉浸在描写月亮的诗句中，再请学生感受诗人望月的心境，一起走入“望月”的情境中。在这样的滋养下，中国人的文化基因里不可避免地烙上了“月”的印记。有了这样的体验，就能较容易地理解赵丽宏先生所说的“诗，和月光一起，沐浴着我们，使我们沉醉在清幽旷远的气氛中”。

（4）师：这些诗句滋养了我们，滋养了小外甥的诗情与想象。在小外甥眼里，月亮像什么？这个说法，给你什么感觉？（新鲜、惊奇）这真是个很妙的比喻！但我觉得更妙的是小外甥接下来还有一段想象的描述。谁来给大家读一读第19自然段里小外甥说的话？

（指名学生朗读，理解月圆月缺的自然现象，可以用科学的术语表达，也可以用这样的比喻来表达自己的想象。）

师：你看，同样的意思，用丰富的想象来表达就更生动、更有趣了。其实，哪怕是我们通常的一些比喻，如把月亮比作小船、圆盘等，如果你能展开想象，如这是一条怎样的小船，这是一个怎样的圆盘，它又在做什么，我们就可以把自己的比喻说得更有趣。现在，请你在脑海中找一找给你印象深刻的月亮，你觉得它像什么？发挥你的想象，写一段话。当然，如果你的比喻能像小外甥的那样新鲜就更好了。

学生写话。教师组织交流，点评，引导学生感受运用比喻的手法，展开丰富的想象，将内容表达得更有趣。

师小结：同学们和小外甥一样聪明，一样富有想象力，给我也带来了很多新鲜的感受。

点评：学生和文中的小外甥正是相仿的年龄。爱想象，正是儿童的天性。借鉴小外甥以生动的比喻展开想象的表达方法，请学生也展开想象的翅膀，写写自己心中的月亮。写话练习既可学习文章“有情趣”的表达方式，又可帮助学生走进文本，靠近作者，进一步感受“我”和小外甥一起望月的丰富体验。

（三）体会望月之意

（1）师：和这样一个聪明好学、爱幻想的小外甥一起望月，真是有趣，而且又不时有惊奇之感。一会儿，小外甥打了个呵欠，说：“月亮困了，睁不开眼睛了。”是谁睁不开眼睛啊？于是，甲板上又只剩下“我”一个人。

引导：默读课文第21自然段，这时的“我”和刚才的“我”有什么不一样？

（学生默读，组织交流。刚才的“我”看到的都是眼前的景物，现在的“我”望着月亮展开了想象的翅膀。）

（2）师：“我”为什么会有这些变化呢？

（指名学生回答。是小外甥给我带来的影响，他那颗爱幻想的童心感染了我。）

师小结：和小外甥一起背诗，一起想象，他那颗童心感染了我。这样说来，现在的“我”就是重新拥抱了“童心”的“我”啊！

师：同学们，我们知道不同的人望月会有不同的感受。而现在你看，即使是同一个人，因为心境不一样了，望月的感受也会不一样。至于“我”望见了什么，想到了什么，赵丽宏先生没有写，他留下了一串省略号，但那种感受一定是与最初不同的。

（3）师：现在，我们再一起读一读课题。（学生齐读课题）我们读这篇散文，就是在感觉作者的感觉，体会作者的体会，仿佛随着赵丽宏先生在江轮甲板上经历了一次美妙的“望月”。有人说，“望”就是“看”“见”的意思，那么课题能改成“看月”或“见月”吗？你们可以试着思考一下这个问题。

点评：散文阅读，是与作者心灵的交流，进而分享他的所思所感。《望月》首尾均写“我”望月，而此一时彼一时，“我”两次独自望月的心境是不一样的。彼时在甲板上闲坐，所望见的月也就安闲宁静；此时听了小外甥极富童趣的想象，所望见的月也就带上了“我”想象的翅膀。由此引导学生感受：同一人望月，因心境不同望月的感受也千差万别。这便进了一步。而“我”的改变，究其根源，实则源于“童心”，是小外甥感染了“我”，唤醒了“我”的童心。“望月”之“望”，重在用心，蕴含着个体独特的感受。

板书设计：

望月

“我”+童心=“我”

安详　　有趣

幽静　　惊奇　　……

【专家总评】

基于“这一篇”的语文教学

第十三届江苏省“杏坛杯”苏派青年教师课堂教学大赛的主题是“涵养基本素质，提升课堂品质”，旨在通过教师扎实的教学基本功，推动学生的学习与发展，继而提升学生语文学科的关键能力，提高学生的语文素养。在无锡赛区的展评活动中，周乐老师执教《望月》一课，给听课教师留下了深刻的印象。

《望月》是苏教版五年级下册的一篇散文，语言生动，文质兼美，意境深远，值得儿童细细咀嚼与品位。课中，周老师不用任何多媒体课件，引领学生在文本中穿行，学习文章“有条理”“有情趣”的表达，帮助学生一次次走进文本，一步步靠近作者，丰富“我”和小外甥一起望月的体验。本节课的亮点主要表现在如下几个方面。

一、课时目标精准，“教什么”清晰明了

新课标在第三学段目标中明确提出：“在阅读中了解文章的表达顺序，体会作者的思想感情，初步领悟文章的表达方法。”周乐老师将本课的教学目标清晰定位为：

（1）朗读课文，体会“望月”的丰富感受，理解“童心”给作者带来的变化。

（2）揣摩文章精准的语言表达特点，练习“有条理”“有情趣”地进行表达。

这两个目标定位基于文本，基于文体，聚焦培养学生的语文核心素养，培养学生语文的关键能力。三感融合，即年段感明晰、文体感鲜明、语用感突出。教学中体现三有，即有目标、有方法、有操练。从教学效果来看，目标高度达成。课堂的学习使得学生达成散文教学的目标——明内容、明结构、明写法。学生在阅读力、表达力、理解力、想象力等诸多方面得到了提升。

二、学生学情清晰，“如何教”适度有效

教师只有认真分析出每个学生的学情，才能更好地开展教学活动。在关注学生的学情这方面教师课堂上一直做得相当好！教学中找到了学生学习《望月》“这一篇”散文的重点、难点、障碍点，找到提升点、切入点、思考点，并采取相应的策略与方法，使每一个学生的课堂学习都有进步。课堂上始终高度关注学生的需求，循序渐进、因势利导，学生真学，教师真导。学习课文第21自然段，教师提出这样的一个问题：这时的“我”和刚才的“我”有什么不一样？这个问题是学生必须了解的，但大多数的学生不会关注，或者即便关注了思考也不够深入。散文的教学，就是要分享作者的感受，分享作者的人生经验。细细揣摩，慢慢品味，提升学生阅读散文的知识与能力，从而提升语文学习的经验。

三、教学方法巧妙，“怎么学”落实到位

美国课程学家拉尔夫·泰勒曾说：“学习是通过学生的主动行为而发生的，学生的学习取决于他自己做了什么，而不是教师做了什么。”这里强调的是教师要退位让学，要充分依靠学生这一学习主体的主动性，让学生畅快地“学”。吟诗、对诗、论诗……在许多环节上教师都做到了“退隐”，不代替学生的思维，不代替学生的学习，不代替学生的成长。“让学”俨然成为其自觉行为。课堂上，学生“学”的活动占用课堂的大量时间。课尾，教师巧妙一问：有人说，“望”就是“看”“见”的意思，那么课题能改成“看月”或“见月”吗？这看似不经意的一问，其实是在引导学生感知、理解“同一人望月，因心境不同望月的感受也千差万别”。阅读一篇散文，不就是要建立学生的已有经验与“这一篇”散文所传达的作者独特经验的链接吗？既要能感受中国月文化之美，又要能发现作者表达之美。

四、教师素养颇高，有序推动“如何学”

教师教学素养高，没有借助多媒体外部手段，而是利用自己的语言表达、板书、朗读等扎实的教学基本功，点拨引领学生有效的“学”。用语文的眼光发现教学内容，完成语文的重要使命。学习语言文字的运用，在引领学生“学习语言、运用语言、发展语言”三个方面做得很到位。学生积极、愉悦地学，思维得到发展。“你看，同样的意思，用丰富的想象来表达就更生动，更有趣了。其实，哪怕是我们通常的一些比喻，如把月亮比作小船、圆盘等，如果你能展开想象，如这是一条怎样的小船，这是一个怎样的圆盘，它又在做什么？我们就可以把自己的比喻说得更有趣。现在，请你在脑海中找一找给你印象深刻的月亮，你觉得它像什么？发挥你的想象，写一段话。当然，如果你的比喻能像小外甥的那样新鲜就更好了。”此环节的设计独具匠心，学生有表达的冲动，教师有精到的指导，得言、得意、得法，把“引导学生感受运用比喻的手法，展开丰富的想象，将内容表达得更有趣”这个教学目标落到实处。

纵观整节课，教师借助长期涵养形成的教学素质，在“说好话、写好字、读好书、做好文”的语言实践中将学生语文核心素养的培养落地、生根，提升了课堂的品质。

直面“三觉”差异　尊重个性发展

——部编教材《夜色》教学设计

【教学设想】

《夜色》是一首以第一人称写的叙事性儿歌，运用对比的手法，写出“我”原本怕黑又胆小，后来在爸爸陪我去散步的时候，终于战胜了对黑夜的恐惧，并且领略到了夜的美景。诗歌告诉我们，克服胆小，做个勇敢的人，能收获意想不到的美好。儿歌共有两小节，句式整齐，语言质朴，偶数句押韵，读来朗朗上口，充满童趣。

课文配有相应的情景插图，能帮助学生理解课文重点词句。第一幅插图画的是夜色下“我”守着一堆玩具娃娃，“我”面带恐惧，对应第一节儿歌，用两个具体事例描述了“我”怕黑的心理，两个事例均用了“一……就……”的句式，贴近学生生活，很容易与学生产生共鸣。第二幅插图画的是爸爸在晚上牵着“我”的小手去散步，“我”面带微笑，对应第二节儿歌，“我”在爸爸的帮助下，发现夜色的美好：看到花草都像白天一样微笑，小鸟在月光下睡觉。两幅插图的重点区别是“我”的脸色由“惊恐”到“欢笑”，两节的内容也前后对比写出了“我”对夜色由害怕到勇敢面对的变化过程。

本文作者柯岩，是当代著名作家、女诗人，她的诸多作品被选入中小学教材，其作品充满生活情趣，构思精巧，富有诗意与哲理，她被称为20世纪中国文坛上的全能式作家。主要诗集有《周总理，你在哪里》《小兵的古诗》《最美的画册》等。其长篇小说《寻找回来的世界》被誉为中国式的“教育诗”。

柯岩的《夜色》之所以写出了孩子的心声，是因为具有以下特点：

一是联系生活，拉近距离。怕黑是孩子的天性，也是许多孩子共有的特点。作者捕捉到孩子怕黑的心理，用“一……就……”句式写出两个常见事例表达出孩子的心声，拉近了学生与“我”之间的距离。再以打动孩子心扉的文字告诉孩子夜色依然像白天一样美丽，呼唤着孩子亲近自然，热爱生活。

二是对比强烈，凸显心理。由起初的“不敢往外瞧”与“心就乱跳”的恐惧心理，到发现“夜色中的花草都像白天一样微笑，小鸟在月光下睡觉”的满心欢喜，前后出现强烈变化的关键在于拉着爸爸的手在夜色下勇敢地走了一趟，意在告诉孩子勇敢能收获意想不到的美好。

三是语言凝练，结构整齐。偶数句押“ao”的韵脚。每一节的末尾标点用省略号结尾，不仅使诗歌语言显得凝练，而且还给学生留下了无限的想象空间。

【教学目标】

（1）认识“胆、敢”等12个生字和厂子头，会写“色、外”等7个生字。

（2）正确、流利、有感情地朗读课文；读准带有生字的词语，体会语言的节奏，感受语言的韵律美。

（3）读懂课文，体会“我”的前后心理变化——尝试克服胆小的心理，做个勇敢的人。

（4）了解省略号表达的作用，学会用“一……就……”的句式进行表达。

【教学重点】

读长句子以及带有省略号的句子，深刻体会克服胆小的心理，做个勇敢的人是能收获美好的道理。

【教学时间】

2课时。

【教学过程】

第一课时

任务一：初读课文，感受夜色

活动1：识字导入，理解夜色

（1）板书“色”字，标注字音，指导学生读准平舌音。

谁能用“加一加”的办法记住这个字呢？⺈+巴=色。

你还能想出别的方法记住这个字吗？

指名学生扩词：脸色、肤色、景色……积累词语，初步感知“色”字的不同意思。

（2）板书课题，理解题意。

①书写课题，帮助学生理解“夜色”的意思：

用扩词法帮助学生理解题目的意思：夜晚+景色，即夜晚的景色。

②读准课题：重点读好平舌音“色”、两个去声“像”“再”。

活动2：集中识字，识读生词

（1）学生自由朗读课文，要求：读准每个字的字音，不多字，不漏字，遇到不会读的字读读拼音。

（2）教师出示生字新词，让学生自己读一读；再展示读，纠正易读错的字词。

出示：

（1）胆子　看见　胡乱　偏要　散步　原来

　　晚上　往外　勇敢　窗外　好像

（注意：读准第一行与第二行的词语，说说你的发现。指导读准前后鼻音。）

重点强调“窗”既是翘舌音又是后鼻音。“散、色、再”既是平舌音又是前鼻音。

（2）再见——夜色　　外面——微笑

（注意两组词语的读法。）

活动3：方法指导，集中识字

这么短的时间就认识了这么多的生字，你们都用了什么好方法记住的呢？一起来说一说，交流一下。

（1）同桌交流识字方法：和你的同桌说一说吧！

（2）汇报识字方法，教师根据学生汇报相机出示：

①我用“加一加”的方法认识了这些字。

月+旦=胆（胆小的胆）　彳+主=往（往外瞧的往）　穴+囱=窗（窗外的窗）

亻+扁=偏（偏要的偏）　亻+象=像（好像的像）　日+免=晚（夜晚的晚）

（教师补充：窗——囱——⊠。古代“囱”与“窗”是通用的，都用“囱”，小篆字看起来像天窗的形状，就是屋上留下个洞，可以透光，可以出烟火。后加“穴”字头构成形声字。）

②我用“比一比”的方法记住了这些字。

再——在、色——爸、外——处。

③我用“比画动作”的方法记住这个字。

看——手搭凉棚就是看。

④谁能用“语境识字法”来记住这些字呢？出示句子，指名生读。

妈妈把勇敢的故事讲了又讲。

爸爸晚上/偏要拉我去/散步。

原来花草/都像白天一样/微笑。

学习厂字旁：观察“厂”与“广”的区别。说说你还认识哪些带有这两个偏旁的字。（广：席、庄……厂：压……）

点评：用扩词的方法增加了关于“色”的词语积累，起到了在揭题中识字释题一举两得的作用。之后的集中归类识字，更是采用了多种方法进行交流与指导，激发了学生的识字兴趣，培养了学生主动识字的意识。同时，将“散步、勇敢、原来、微笑”用“语境识字”法，将生僻的词语放在语言环境中指导学生识记，既识了字，又指导学生如何读好长句子，体现了字不离词、词不离句的教学理念。根据学生注意力集中的时间就是学生年岁的分钟时间，此处学习的时间较长，为了提高效率，正视不同学生的学习类型，在传统的视觉学习与听觉学习的基础上，又增加了动觉学习方式，诸如“比画动作”，满足了班级不同学习类型学生的需要。

任务二：再读课文，走进夜色

活动1：指导朗读，了解夜色

夜晚的景色到底是什么样的呢？真的让人害怕吗？

（1）自由读文，比一比：将这些字词再放回课文，相信我们一定会把课文读得正确、流利。

（2）互相读文，评一评：可以先读给同桌听一听，之后指读、齐读，集体评议。

（3）仔细读文，想一想：夜晚的景色是什么样子的呢？植物干什么了？动物又干什么了？

交流并出示句子：

（1）“原来花草/都像白天一样/微笑。”

（2）“我也能看见/小鸟怎样在月光下/睡觉……”

注意朗读停顿，体会夜色的美好。

花草微笑，动物睡觉，这样的夜色给你什么感受？说一说。

活动2：有感情朗读，走进夜色

夜色下的花草在向我们微笑，累了一天的小鸟在睡觉。我们一起走进这美丽的夜色。读一读吧！

学生自由练读第二节。注意读出节奏，读得流畅。

根据第二节的节奏，自主读第一节，注意朗读停顿与节奏。

重点指导：可我/一看窗外/心就乱跳……

展示如何读好第一节。

点评：紧扣课题夜色，直接走进课文的第二节。引导学生通过“微笑、睡觉”等词直观感知夜色的特点，初步感知夜色的美丽与可爱。感知的过程中指导学生读好节奏与停顿，通过“扶读”第二节，具体指导读好长句子的节奏，让学生自主朗读第一节，体现“扶放结合”的原则：既有教师的导，又有学生的学。此处的学习仍然是“三觉”学习差异的糅合体现。

任务三：认真辨析，写好生字

活动1：熟读生字，积累词语

（1）出示生字：色、爸、外、晚。（读准平舌音“色、再”）

（2）词语积累：比一比，赛一赛。看哪一小组扩的词最多。

活动2：仔细观察，认真书写

指导观察：比一比，写一写。“爸、色”注意区别最后一笔“竖弯钩”的大小。（“色”最后一笔竖弯钩是主笔画，要写得大气；“爸”的最后一笔要内收压在撇的下方。）

分类观察：出示“外、晚”，先仔细观察结构，再找出每一个字的主笔画。书写时还要注意什么？（它们都是左右结构，书写时左窄右宽，“外”主笔画是“卜”字的竖；“晚”的“竖弯钩”中心要正，笔画要稳。）

学生边交流，教师边范写。

活动3：书写生字，互评反馈

（1）写字练习：在书上描红一个字，写一个字。（提醒写字姿势）

（2）评析反馈：围绕要点，学生互动点评；点评后再写一个字，与前字进行对照，看看自己有什么进步。

点评：注重学生词汇量和词语的积累。同时通过对字的结构分类观察，引导学生学会观察字形的结构特点，找出每个字的一笔或两笔的主笔画，逐步养成读帖的习惯。

第二课时

任务一：品读课文，体验心情

活动1：品读课文，感受“害怕”

出示图7-10-1：仔细观察插图，说说你观察到了什么？（图上的小朋友是什么表情呢？他的周围都有什么？他会想些什么呢？）

图7-10-1　课本插图

小朋友是害怕、惊恐的表情，周围有玩具娃娃，窗外是满天星星……

由图我们可以知道，这是在夜晚，小朋友是什么心理？（板书：害怕。）

找一找文中“我害怕”的句子，读一读，体会体会。

天一黑就不敢往外瞧。

可我一看窗外心就乱跳……

“我”看到乌黑的夜色，会想到一些什么呢？指导学生想象练说并读好省略号。

你有过类似害怕的经历吗？请你用上“一……就……”来给同学们介绍介绍？

这个小朋友天一黑就不敢往外瞧，一看窗外心就乱跳，原因是什么呢？找一找第一节的哪句话能体现害怕的原因。（我从前胆子很小很小。）

比较与区别：将“很小”与“很小很小”代入语境中读。

我从前胆子很小。

我从前胆子很小很小。

同学们，带着与“我”一样的感受，用你的声音把“我”的胆小读出来吧。

重点指导：省略号朗读。

活动2：品读课文，感知“勇敢”

（1）出示图片（见图7-10-2）：看，同样是在满天星星的背景下，这个小男孩的表情发生了怎样的变化？你能找一个词语来形容一下吗？（高兴、欢笑、接受、开心等）

图7-10-2　课本插图

（2）是谁让这个小男孩的脸色在夜色下发生了变化？读读第二节，找找句子。指名学生读句子：爸爸晚上偏要拉我去散步，指导理解“偏要”的意思。（责怪中带着撒娇）

（3）原来勇敢地走进夜色，能看到美丽的夜景。说一说，看到了什么呢？

① 原来花草都像白天一样微笑。

② 我也能看见小鸟怎样在月光下睡觉……

师生交流：花草真的会微笑吗？（因为“我”不再害怕，所以看到花草都像在对我微笑一样）

可爱的小动物累了一天了，它们在夜色睡觉的姿态可爱吗？（指名学生说一说）

省略号里还包括我听到了什么，看到了什么。想一想，说一说。（指导学生读好省略号）

点评：以上两个教学环节均以图片导入，学生联系生活经验初步体会男孩的内心情感，带着这种认知，走进文字，更容易与文本产生共鸣，这是一般学生容易感知的层面。接着利用“很小”与“很小很小”的对比阅读，感知语言文字的魅力，满足了更高层次学生发展的需要。引导学生体会与揣摩本文的语言现象都是以省略号结尾。借助省略号的表达作用，发散学生的想象思维，促进学生的语言表达生成。关注关联词，指导迁移运用，借助第一节连用两个“一……就……”的语言现象，引导学生借助生活经验，个性表达自己的日常害怕心理。有句式、有素材，学生的语言表达水到渠成。

任务二：延伸阅读，拓展提升

活动1：读一读儿歌《小熊过桥》，想一想，小熊最后为什么能过桥了？与你的同桌说一说

小竹桥，摇摇摇，
有个小熊来过桥。
走不稳，站不牢，
走到桥上心乱跳。
头上乌鸦哇哇叫，
桥下流水哗哗笑。
“妈妈，妈妈你来呀，
快把小熊抱过桥！”
河里鲤鱼跳出水，
对着小熊大声叫：
“小熊，小熊不要怕，
眼睛向着前面瞧！”
一二三，向前跑，
小熊过桥回头笑，
鲤鱼乐得尾巴摇。

活动2：探究小熊和“我”最后为什么都成功了？

教师总结全文：“我”用勇敢赶走了害怕，换来的是夜晚的美景；小熊用勇敢赶走了害怕，过了桥。

生活中，你有过勇敢的时候吗？说一说。

任务三：用心观察，写好生字

活动1：认真读帖，仔细书写

（1）出示生字：看、再、笑（扩词练习）。

（2）指导观察："看""再""笑"，先仔细观察结构，再找出每一个字的主笔画，书写时还要注意什么？

"看"字为左上包结构，注意第四笔撇的收笔位置；"再"字为独体字，主笔画为最后一笔，即长横；"笑"字是上下结构，主笔画为最后一笔——捺。

（3）认真读帖，观察字在格中的位置。

（4）教师范写，学生观察。

（5）学生交流，教师点拨，适时指导。

活动2：书写生字，互评反馈

（1）写字练习：在书上描红一个字，写一个字。（提醒写字姿势）

（2）反馈与评价：学生互动点评；点评后再写一个字，与前面的字进行对照，看看有什么进步。

板书设计：

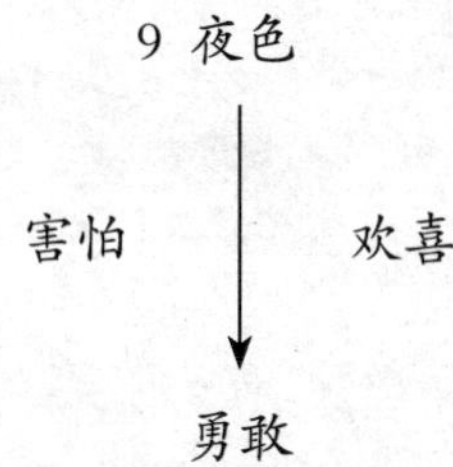

【专家总评】

本节课的教学设计内容翔实，重点突出，很好地关注了班级学生的差异，主要表现在以下几个方面：

一是关注学生的学习差异，满足学生的个性发展需求。能够科学合理地分析学情，从心理学的角度关注班级学生的学习类型差异，针对实际差异的存在，以视觉、听觉型学习为主来组织安排教学内容，辅以动觉型学习类型的内容安排。比如，在集中识字环节，渗透三种不同类型的学习方式。课堂上及时将重点内容板书在黑板上，形成知识网格，以此满足视觉型的学生的需求。在发觉集中学习的时间较长时，注意学习方式的转换，及时组织动态学习样式，以此满足学生的个性需要。

二是关注问题的差异性，满足不同学生的发展需求。师控的传统语文课堂教学通常会采用“一刀切”的格局来组织，比如一个主话题一问到底，答案具有权威性与统一性。本课教学过程中，注意将主话题进行分层分解，不仅关注潜力生的表达与存在的需要，同时也关注了“跑得快”的学生的发展需求。

第八章

语文差异教学：研究价值及深化研究的思考

国家基础教育课程改革理念之一就是突出学生主体，尊重个体差异，让每一名学生都得到发展。随着教育改革的不断深化，人们对优质、均衡教育的需求增大，教育者越来越高度重视学生的差异化发展，差异理念被广泛应用于教育教学的方方面面。课题主持人陈红在其“共生语文”研究的基础上，进一步提出共生的基础是差异，倡导追求“和而不同”的教育教学境界，带领课题组成员进行小学语文差异教学的研究，并已形成一定的研究成果。在其专著中，课题组成员从理论层面阐述了小学语文差异教学的基础理论，从实践层面剖析了小学语文差异教学的现状及问题，从指导层面提出了小学语文差异教学应该遵循“主体性原则”“灵活性原则”“生成性原则”“目的性原则”“合作性原则”“成功性原则”等实施原则，从操作层面提出了小学语文差异教学的宏观和微观策略，并提供了大量可供借鉴的教学实践课例，为小学语文差异教学的实施提供了研讨的范本。

纵观当下，最突出的矛盾是大班化教学难以照顾所有学生的个性差异。同时，管理者缺乏信心，望而却步，甚至只关注“高大上”的口号，并不深入探究教育的本质、教学的本源。所以，需要厘清差异教学的教育观，形成合力推进差异教学的实践。促进学生差异发展是我国基础教育的必然追求，学生的差异是一种取之不尽的教学资源。差异化的教学在大班化的影响下难度逐步加大，而差异化教学又是提升学生水平的有效路径。差异化教学存在着诸多优势，这些优势在教学效果和教学理念上均有着非常明显的表现。采取差异化教学已经是大势所趋，虽然我国在差异化教学方面存在着一定的弊端，但是在实际的教学中也取得了一定教学效果，尤其是在小组式教学的策略辅助下，学生的综合学习水平得到了一定的提高。在教学理念方面，差异化教学为教师的教学提供了有效的辅助，能够有效地帮助教师设计更为科学的教学过程，促进教师综合水平的提升，有利于提升我国教师队伍的整体水平。

独到的学术价值——形成语文差异教学的教育观

多元智能理论、掌握学习理论、人本主义教育思想、教学最优化理论、建构主义学习理论等是差异教学实施的非常重要的理论基础，具有不可替代的指导作用。其中多元智能理论是重要的理论基础之一。影响教师教育行为的就是“教育观”。在同一个学生身上，使用不同的教育行为，其结果大大不同。对不同的学生，不能使用相同的教育方法，必须从差异出发，采取有差异的教学策略。

一、差异教学是一种教育理念

教育观影响着教师的教学行为，影响着对学生的认识与评价。差异教学作为一种理念，理论支撑强大。对待学生——成长中的人，我们倡导教师运用信任、鼓励、尊重、唤醒的手段帮助学生健康成长。学生来自不同的家庭，兴趣不同、学习速度快慢不同、学习风格不同、对知识的掌握与理解不同、喜好不同……所以，提供的课程、教学的内容、环境的设置、评价的方式、助学的方法都应该各不相同。差异无处不在，因此需要等待。要循序渐进地指导、引导学生。不求第一，成为唯一；异步前行，差异发展；悄悄改变，慢慢生长……

差异化教学是教师在综合学生不同水平之后选取的一种针对性较强的教育模式，这对于学生学习的查漏补缺有着非常重要的意义。然而差异化教育教学理念的范畴不只是知识学习，还包括学生能力的提升。从广义上讲，差异化教学涵盖知识学习能力、动手能力和自我创新能力，是一种综合的教育理念。该理念以学生应具备的各项知识和能力为基本完成指标，以培养学生事物探索能力为最终目标，旨在提升学生的综合学习水平。这种教育理念所催生的小组式教学、提问式教学等教学方式应遵循其根本的教育理念，强化教学方式理念的向心力。这种理念的兴起基于我国逐步重视基础教育、各种先进教育模式不断出现的现状。任何理念的认可，都需要进行大量的有效践行，目前这种理念已经被证实有效，但是在具体执行方面，其仍然有着较大的差距。差异化教学作为差异化教学理念的具体表现，虽然许多教师都将其应用于实际工作，但是具体流程之中仍然存在待优化部分，因此取得的效果仍然具有局限性。

现阶段我国小学教育存在着大班组教学的现状。虽然国家有关规定要求小学班组的人数不得超标，但是由于学校少、学生多，一些比较优秀的学校班组人数超标是一种常见现象。这种现象的存在导致在进行差异化教学过程中教师的压力较大。由于课堂时间有限，如果对学生进行细致的分组，则会导致知识内容无法讲解完成。但如果进行大批次的分组，则会造成不同层次学生数量较多，弱化了分层教学原有的效果。我国差异化教学方式主要以分层教学为主，我国这一实际国情造成了这种教学模式难以有效的开展。此外，先进理念的学习需要一定的基础水平。现阶段我国部分教师学历低、水平差，在常规的教学之中虽然能够简单应对，但是随着我国教育事业的快速发展，这部分人逐渐无法跟上先进教学理念的发展，这也给差异化教学的顺利实行造成了一定的影响。

二、差异教学是一种教育使命

正因为每个学生存在着多种智力，人的智能多元，所以对于未成年的学生，教师的使命不是消弭差异，而是顺应差异，激发潜能，让每一个学生成为独特的自己。学校与教师对学生的成长起着至关重要的作用，教师要促进学生的个性发展，为他们的成长做出独特的贡献。

小学生之间的差异是个体发展的必然现象。发挥学生的特长，优化学生的不足之处，完善学生的学习能力，是对教师教学的重要要求之一。学生的个性是其特长的基础，部分学生虽然学习成绩不是很好，但是其他方面能力卓越，在教学时，教师不应忽视这部分学生，而是应将其注意力引导至学习之上，并不断完善其长处。差异化教学并不是一味地对成绩好的学生给予优质的教育，对学习一般的学生给予浅显的教育。作为一名教师，其主要的工作是将不在同一能力水平上的学生教育到同一学习水平。因此对待差异化教学之中的低层次学生，并不是只对其进行表面的讲解，而是由浅入深，先对其讲解较为浅显的内容，再逐步深入。对这部分学生所花费的时间与精力应该超过对学习成绩好的学生。这是教师在对学生进行教育过程中的重要使命之一，也是保证班级之中学生总体学习水平的必然策略。

差异化教学具有一定的先进性，是我国教育事业发展到一定程度时采取的一种行之有效的教学理念。我国人口众多，接受基础教育的人数也相对庞大，这就导致学生之间的学习差异在一定时期内一直存在。目前，我国教育资源逐渐丰富，教师的水平也不断提升，给先进教学理念的引入提供了平台。差异化教学可以改善我国现阶段大班组情况下不同学生学习差异带来的影响，不但能够均衡地提升所有学生的学习水平，还能够充分发挥不同学生的特长，实现因材施教式的教学。差异化教学肩负着完善我国教育体系、提升教学策略的重要责任，也是现阶段采取的较为适合我国的教学模式。虽然班级之中学习水平较差的学生数量不多，但是在一个较大的基数下，这部分学生的总量也非常大。为了切实提高这部分学生的学习水平，更加匹配我国的教育国情，采取差异化教学成为当前我国教育发展为数不多的可选理念之一。先进的教学理念是保证教育教学科学发展的重要依据，也是我国这种人口大国亟须采用的关键教育内容。

三、差异教学是一种教育行为

在教学中，学情决定着教学的走向。我们在看到整片森林的时候更要看到每一棵树，看到学生共同发展的时候更要关注学生的个性成长与发展的需求。差异教学使得教育者高度重视差异，减少分化，继续扬长，给予学生适合的学习机会、充足的发展权利。

差异化教学本身的属性就是教育的一种理念与策略，其主要目的也是提高教育的有效性。教师在实行差异化教学时，充分尊重学生之间差异的客观事实，教学是基于现有班级学习现状而构建的，不是凭空想象、肆意确定。这种教育行为的深层次含义是缩小差距、平等学习。虽然进行了差异化教学，实行了分层教学，但是这种教学模式并不是给学生划分三六九等，这种分层也不是一成不变的，而是根据学生的实际学习情况，强化学生的学习水平，并进行实时动态的调整，不断地将不同层次的学生进行调整，一旦学生从低层次水平到达高层次水平，就要将学生的层次进行调整。这种调整不但能够更适合学生的学习，在调整过程中也会增强学生的自信心，使其对自我的学习能力进行肯定，有助于学生在此基础上进一步加大学习力度，提升其学习水平。

虽然这是一种教育行为，但是需要掌握其性质、其根本目的以及实施方法，避免不同层级的学生出现层次观，即认为层次较高的学生优于层次较低的学生。如果学生存在层次观，则有可能造成学生出现畸形的学习观以及学习的被动性，当其更换学习环境时有一定的概率导致其学习出现动力缺失的现象。由于差异化教学对教师的要求较高，作为差异化教学的实行者、教育行为的实施者，教师应该加大自我学习力度，加强对学生行为、心理的研究，并加大对有关学术文献的学习力度。此外，教师还需要制订符合任教班级的层次评价体系，这是进行分层的主要参考内容之一。评价体系的构建可以涵盖较多方面，应避免只是看学习而忽略了学生的本身特点，应时刻谨记差异化教学的根本目的。

差异化教学对于学生来说是一种符合其自身实际情况的教学理念。教师需要对学生进行有效的讲解，让学生理解差异化教学的内容和目的，减少学生对这种教育模式的抵触心理，增强教学策略的有效性。任何教学行为只有在学生的积极配合下才能发挥其最大的效应。在此基础上，差异化教学才能够发挥其最大的效应，减少班级之中的学习差异，提升每个学生的特长，使得学生综合素质得以提升。

语文差异教学的价值分析

直面差异，是叩问教育本质的常青话题。差异教学的方向无疑是正确的，是教育发展的必然趋势。本课题组提出“让每一个学生按照自己的节律生长，让每一个学生成为独特的自己”的教育理念，对差异教学进行系统的实践研究，呈现了港城小学教育工作者的研究路径，展现符合学生生长节律、促进学生健康成长的语文差异教学。只要每位教师积极探索，投身其中，就能不断挖掘出语文差异教学的巨大价值。

一、差异教学体现浓浓的人文情怀

差异教学把学生视为成长中的人，尊重人的差异，激发人的潜能，关注人的个性化成长。面对学习起点差异、兴趣差异、智力差异、风格差异，教师对各类学生都应一视同仁，施以适合的教育教学，争取过程的优化，以改变每一个学生，让他们感受成长的快乐。面对有差异的学生，实施有差异的教育，促进有差异的发展，进而才能获得有差异的成功。

我国教育一直强调人文关爱，古代教师也被称为师父，学生对待老师要敬如父，老师对待学生要爱如子。差异化教学基于人文关怀的理念正式产生了，通过对每个学生的关怀，减少了不同学生之间的差异，但并没有对成绩差的学生放任不管。现阶段，我国大部分学校对于学生的成绩非常关注，因此往往以成绩论成败。尤其是教师，部分学校甚至将学生的学习水平与教师的工资挂钩，这种挂钩情况的存在造成一些教师只追求学习成绩。一些学校为了保证不同班级之间对比的公平性，允许教师将班级之中成绩靠后的学生去掉，即一部分学生的学习成绩并不被列入平均成绩。这就造成教师在教学过程中完全不会顾及这部分学生的感受，将其完全忽略，导致这部分学生的存在感低。长此以往，学生就丧失了学习的信念，产生了自暴自弃的心理。

教育之中的人文关怀是提升学生学习兴趣的主要辅助手段。小学时期的学生不具备完善的理性思维，感性认知占据主要地位。如果教师和善、待人和蔼，则有可能学生都喜欢这门课程；如果教师脾气暴躁、严格，则有可能学生普遍不喜欢这门课程。这其实就是人文关怀影响学生的最表面现象。小学生需要的是来自教师的关怀，需要教师能够对其进行适当的鼓励引导，而不是在出现问题后一味地批评、讽刺。不同学生之间的差异是不可消除的，任何教师都不可能将学生完全变成理想之中的优秀学生。人文关怀从学生的内心需求出发，通过进行差异化教学，让学生体会到教师对学生的情感，通过这种情感使得学生能够配合教师采取的各种教学模式，最终实现学习水平的提升。然而这种人文关怀与纵容有所不同，严格、严厉的要求也并不是脾气暴躁的体现。对待学生，需要张弛有度。由于学生缺乏自制力，在需要进行批评教育时，一定要及时进行，避免学生不良习惯的滋生；在需要关怀时，也不能无底线地纵容。这需要教师自行把握尺度。差异化教学作为一种教学理念，需要教师进行深刻的体会，并将其作为标尺进行行为上的指导。

二、差异教学引发一系列的教学变革

差异化教学建立在教师对学生的爱和尊重的基础上，由此产生的问学课堂、深度学习等则带动了教学课堂根本性的变革，教学行为由此也产生了更为深刻的变化。

差异化教学的引导作用弱化了存在于学生与教师之间的鸿沟，减少了学生与教师之间的隔阂。差异化教学是教师对学生进行差异化教学的有效表现手段，可以让学生感受到教师的爱，让学生知道教师对其的关心，能够有效增强学生对教师的顺从性，可以有效地提升学生的学习效率。高效率的学习能够有效地提升学生的学习水平，这是学生对语文学科产生兴趣的初级阶段，也是教师对学生进行兴趣培养的有效措施。学生更希望得到及时性的反馈，其原理与学生更加喜欢玩一致。因此，教师需要对学生进行及时的鼓励，一旦学生有了进步就要及时对学生加以肯定。此外，教师还需要对学生的教育特点进行调整，让学生感受到自我水平在不断提升，因此需要进行教学模式的调整，这是提升学生自信心的有效路径。基于差异化的教学理念在层次教学之中的具体体现为由低层级向高层级转变，这有助于学生不断调整自身的学习主动性。

差异化教学不仅仅针对学生不同的成绩，更是针对其不同的特长，其根本为参照学生的特性进行有针对性的教学。这种教育模式旨在发扬学生的特点，让学生能够充分发挥自我，建立学习自信心和主动性。这种教学模式的出现会导致一系列教学模式的变革，无论是从教学的手段还是从教学的目标、设计过程均会有所调整。层次化教学、针对性教学、小组式教学、特长化教学等模式会得到较大范围的应用。不同的学校、地域文化差异较大，同一学校班级之间的差异也相对较大，在进行教学模式嵌套时，要充分结合学校、班级的实际情况。差异化教学是一种教学理念，其具有指导性意义，在与诸多教学策略结合之后，能够使教师对学生有着更清晰的认识，并帮助学生提升学习水平。

教师与学生之间的平等与互相尊重是差异化教学的最基本要求，即教师对待所有学生均一视同仁，没有差别，这也是学生主动学习的客观因素之一。这种平等的原则也是教学之中一直追求的状态，差异化教学就是为了帮助教师关爱每一位学生，降低其学习难度，提升其学习的主动性。

三、差异教学促进教师的专业成长

差异教学的研究助力教师成长，通过对学生的关注、研究、启发，调整相应教学策略，在无形中改变、提升教师的教育教学水平，使教师从普通教师走向专家型教师。教师深入研究差异教学，势必高度关注自我成长，关注学生、了解学生，采取适合学生的教学策略发展学生。教师成为专家型、研究型教师，科研意识增强，科研能力提升。

差异化教学是一种新的教学理念，这种理念的践行需要教师具备分析学生的能力、丰富的知识储备、足够的耐心。这就迫使教师不断学习，通过学习新的知识来不断地完善自己的教学内容，有效提升整体素质，为新的教育模式的实行提供知识基础。教师的专业性是保证课堂教学效率的根本，也是学生获取学习指导的主要来源。如果教师的水平有限，不但会造成学生构建学习体系过程中存在缺陷，还会导致学生对知识内容认知模糊，甚至会出现理解偏差，导致学生无法对所学知识进行串联。这些都会造成学生学习成绩下降，导致学生丧失对语文学科的学习兴趣。因此，教师需要具备丰富的专业知识，能够对学生进行有效的指导。丰富的专业知识固然重要，理解学生的水平、充分分析学生的现状同样非常重要。这就需要教师对心理学、教育学等多种学科有着充分的理解。差异化教学要求教师对所有的学生进行充分的分析和分组，并制订有针对性的教学计划，这就使得教师的各项能力得到充分的锻炼。教学理念是一种根据实际情况与教育资源状态制定的教育方向，因此教育理念是一种动态的理念，在一定时期内能够取得一定的效果。然而，教师作为教育理念的执行者，其工作目标是不变的。通过差异化教学提升了综合素质，在后期进行教育理念改革时，教师仍然能够适应变化的教学理念，这种综合教育能力是不断变化教学理念的依据。

在对学生的差异化教学中，教师能够充分了解学生的学习成长路径，通过对学生进行不同层次的教学，也能够得出学生理解力的基本水平。对于一些学习后进生，教师通过对不同层次的时间、教学内容分析，也能够较为科学地得出学生知识积累的周期，为其日后的辅导工作提供有效的参考。教师教学能力的提升是差异化教学的必然结果，这种结果有助于教师更好地应用差异化教学理念进行教学。两者之间形成良性的循环，可以有效地提高教学效率，最终提升学生的学习水平。

差异教学，努力为每一个学生提供适合的教育，让每一个学生得到全面而有个性的发展。从古至今差异化就一直存在。年龄越小，人与人之间的差异越小。随着年级的升高，学生差异越来越大，尤其是课堂上的差异日益增大。这时需要一种全新的教学方法与策略帮助学生成长，那就是尊重差异，善用差异，成就差异——小学语文差异教学作为一种促进学生获得成功的思维，促进学生深度学习，提升学科关键能力的方式，强势登场。

附：语文差异教学研究取得的成果

成果获奖（部分）：

（1）2013年12月，《小学语文共生课堂的理论与实践研究》获江苏省教学成果奖（基础教育类）一等奖。

（2）2013年2月，《小学语文课改的实践与思考》获江苏省首届基础教育教学成果奖二等奖。

（3）2016年6月，《共生与差异：为学生个性彰显而教》获江苏省教育科学研究成果（教育研究类）二等奖。

（4）2016年6月，《共生与差异教学的理论与实践》获江苏省第四届教育科学优秀成果（实践探索类）三等奖。

（5）2016年5月，《共生与差异教学的理论与实践》获连云港市中小学“十二五”优秀教科研成果奖一等奖。

附 录

主要研究成果

获奖时间	成果奖项名称	奖 项	颁奖单位	项目领衔人
2010年	连云港市"十一五"优秀教科研成果（实践探索）	一等奖	连云港市教育局	陈红
2013年	江苏省首届基础教育教学成果	二等奖	江苏省教育厅	陈红
2016年	江苏省教育科学研究成果（教育研究类）	二等奖	江苏省教育厅	陈红
2016年	江苏省第四届教育科学优秀成果	三等奖	江苏省教育科学规划领导小组	陈红
2013年	江苏省教学成果	一等奖	江苏省教育厅	陈红
2016年	连云港市"十二五"优秀教科研成果（实践探索）	一等奖	连云港市教育局	陈红

出版专著

时 间	专著名称	本人承担部分（排名）	出版、发表、获奖及交流情况	作 者
2006年12月	《共享互助——我的语文新课改之路》	独立承担	中国文史出版社	陈红
2009年10月	《打开学生成功作文之门》	独立承担	中国文史出版社	陈红
2011年12月	《追求共生的语文教学境界》	独立承担	山西人民出版社	陈红
2013年12月	《语文，为共生而来——陈红共生教学新思路》	独立承担	河北教育出版社	陈红
2015年6月	《共生与差异：为学生个性彰显而教》	独立承担	江苏凤凰教育出版社	陈红

参考文献

[1] 于建福.孔子的中庸教育哲学［M］.北京：中央编译出版社，2004.

[2] 袁纯清.共生理论：兼论小型经济［M］.北京：经济科学出版社，1998.

[3] 叶澜，白益民，王枬，等.教师角色与教师发展新探［M］.北京：教育科学出版社，2001.

[4] 李家栋.语文生活化理论与实践研究［M］.济南：山东人民出版社，2009.

[5] 华国栋.差异教学论［M］.北京：教育科学出版社，2001.

[6] 中华人民共和国教育部.义务教育语文课程标准（2011年版）［M］.北京：人民教育出版社，2012.

[7] 康德.纯粹理性批判［M］.李秋零，译.北京：人民出版社，2004.

[8] 叶圣陶.叶圣陶语文教育论集［M］.北京：教育科学出版社，1980.

[9] 李海林.言语教学论［M］.上海：上海教育出版社，2006.

[10] 朱小蔓.教育研究者的足迹［M］.北京：教育科学出版社，2003.

[11] 刘克兰.现代教学论［M］.重庆：西南师范大学出版社，1993.

[12] ［美］赫克斯.差异教学——帮助每个学生获得成功［M］.杨希，译.北京：中国轻工业出版社，2004.

[13] ［美］Tom Linson.多元能力课堂中的差异教学［M］.刘松，译.北京：中国轻工业出版社，2003.

[14] 杨璐.差异教学策略研究——来自美国的经验［D］.上海：华东师范大学，2009.

[15] 宁玉霞.基于多元智能理论的差异教学策略研究［D］.呼和浩特：内蒙古师范大学，2005.

[16] 张煜.小学语文差异教学的现状与实施策略［D］.长春：东北师范大学，2012.

[17] 吴建琛.旧的课题，新的探索——对因材施教的粗浅认识[J].课程·教材·教法，1987(8).

[18] 姜智，华国栋."差异教学"实质刍议[J].中国教育学刊，2004(4)：52–55.

[19] 巢宗祺.关于语文课程性质、基本理念和设计思路的对话[J].语文建设，2012(3).

[20] 汪帆.小学语文"差异教学"失位现象及对策[J].宁波教育学院学报，2011(10).

[21] 吴恢銮.差异课堂——小学数学差异教学探索[M].杭州：浙江大学出版社，2015.

[22] 刘小明.小学课堂差异教学策略的研究[M].广州：暨南大学出版社，2012.

[23] 陈红.共生与差异：为学生个性彰显而教[M].南京：江苏凤凰教育出版社，2015.

不忘初心 牢记使命

认识陈红已有十多年时间了。最初是从她的文字中获知她儿时的理想就是“长大当一名好老师，让自己的每一个学生都‘好好学习，天天向上’”的。师范毕业二十多年来，她怀揣梦想，在教师的岗位上干得风生水起，有声有色。近些年，在江苏省人民教育家培养工程实施过程中，我听她的课，评她的课，听她的学术讲座，与她促膝交谈，参加她的名师工作室研讨活动……我深深地感受到，她始终不忘初心，坚守践行，努力把儿时的梦想化成一项项独具特色的语文教育实践研究，成果丰硕而喜人。她不仅让所教的每一个学生成为身心健康的最好的自己，而且引领一群同事在语文课改路上携手同行、开拓创新，还赢得了众多家长的热情支持，成了她的忠实“粉丝”。

陈红对初心的坚守令人敬佩；对梦想的追求践行，执着且富有创造。近十年，她一直致力于“共生教育”的实践研究。

她是一个有心人，在生活中，她敏锐地注意到，不仅在植物世界有一种“共生效应”——众多同类植物聚生一处，相互影响、相互促进、共存共荣，在人类社会也存在着这种现象。她告诉我，英国卡迪文实验室从1901年至1982年曾先后走出25位诺贝尔奖获得者，这便是“共生效应”的一个典型例证。至于人们常问的问题——她工作过的连云港师专三附小、二附小以及她现在任职的师专一附小教育集团，为什么会涌现那么多名、特、优教师呢？她分析说，原因自然是多方面的，但不可否认，“共生效应”在其中也起着重要的积极作用。她倡导且着力实践探索“共生教育”。“差异教学”就是力图充分发挥这种“共生效应”，努力以“共生”为核心理念，建设“异质共存”“平等互动”“相互合作”的教育教学生活，实现师生身心全面和谐成长。

陈红是一位儿童学习、语文教育、课堂教学的研究者、思考者。

对儿童和儿童学习，她多次指出，教师应认识到“每个学生均具有其独特性，并希望得到理解和接纳”“儿童学习生活的质地和结构在保持原始状态和结果的前提下，最大限度地接近真善美”“儿童天真烂漫的语言和行为，是儿童学习生活表现方式的自然流露……”应“坚信每一个孩子都是独一无二的独特的那一个”；要“尊重差异、利用差异、成就差异”，“让每一个孩子发展自己的优势潜能”。

对小学语文教育，她强调，语文教育应该充分尊重学生的天真自然品质，引导他们通过观察语言世界的美好和谐，强化真善美，并丰富他们语言世界的观察力；应该寓“思”于学、融“情”于学、立“意”于学、承“悦”于学……倡导发现学习，鼓励质疑问难，培养反思和批判意识；应该引导学生通过文本细读、潜心涵泳、入境想象、品味文字、迁移书写，一步步走向“言意共生”。

对课堂教学，她认为，课堂教学是师生生命活动的重要组成，直接影响着学生的成长和教师生命价值的提升。“共生课堂”是实现从“科学生活”走向“生活世界”的“共同生活”的课堂，是实现从“教学”走向“学教”的“互动互利”的课堂，是师生双方生命和谐成长的“共同生成”的课堂。“共生课堂”上的交流是一种生命的活动，教师要真心地面对课堂、面对学生，面对与学生的交往；要怀着“童心”和“爱心”在课堂上用心与学生交流。“真心”是前提，“童心”是条件，“爱心”是关键。

陈红老师是真懂学生，真懂语文教育的，她的这些论述精辟深刻、极有见地，体现着一种鲜明的“共生教育”理念和“差异教学”主张，对小学语文教育研究，无疑是一种极大地丰富与突破。

陈红老师是一位教学改革、课程建设、专业成长的探索者、领跑者。

在她的课堂里，学生是一个个真实的、具体的人，是具有鲜活生命的成长中的活生生的“每一个”。每一个学生都是群体不可忽视、不可或缺的一员，都站在课堂的中心。作为教师，她是学生的朋友、合作者、激励者、欣赏者。她总是尊重学生自主学习的权利，让他们根据自己的喜好和需求，在一定的范围内选择适合自己的学习内容；她总能尊重学生的个体差异，从他们的实际出发，巧妙地设计各种富有创意的教学活动，激发学生的求知欲望和学习兴趣。

在她的课堂里，学生兴趣浓烈、生机勃勃，主动质疑发问，相互激励解疑，经历学习过程，展开思维，放飞想象，享受成功的快乐，全面提升语文素养。

为了满足不同年级、不同班级、不同个性学生的成长需要，她率领团队既开发了诸如诗词会、我爱小古文、名人访谈等五彩缤纷的班本课程，又特别设置了个性鲜明、饶有特色的“三选一”微型语文活动选修课程——“演讲、讲故事、朗诵”三选一，“自制小报、剪报、写报道”三选一，“读后感交流、美文摘抄与点评、阅读分享”三选一……让学生自由选择参加，发掘潜能、发挥优势、发展兴趣，使人人得到差别化的充分发展。

在教学与课程建设的过程中，陈红老师还站在生命成长的高度，研究评价、改革评价。为了充分释放学生的潜能，增强其自信，丰盈生命成长的不同样态，实现学生的自我建构，成就学生不同的“我”，她坚持从学生个体素养水平和学习态度出发，坚持“成长即优秀”的要求，对学生的成长进行真实的、个性化、过程化的评价，充分发挥评价的激励和导向功能，引领每一个学生主动发展、不断成长、走向优秀。

陈红老师的教育教学实践，既使我们从中领略到一位探索者、领跑者的风采，获得对“共生教育”“差异教学”理论的感性理解，也能使我们从“如何把理念、主张落实到具体教学行为”中获得许多有益的启示。

“不忘初心，方得始终”，陈红做到了。她坚持不懈研究、实践的“共生教育”“差异教学”成功地培育了一届届全面和谐发展的学生，造就了一批批优秀教师，同时也成就了她自己。

如今，这位江苏省人民教育家首批培养对象，早已捧回了红花耀眼的结业证书，向伟大的时代交出了令人振奋的答卷，可她依然扎根课堂，不懈探索前行。她说：“人生就是一杯茶，要不断清空、归零，欣赏最好的别人，继续做最好的自己。”她说：“我们步入了实现伟大中国梦的新时代，新时代呼唤万千全面和谐发展的建设者。我们教师重任在肩，责无旁贷，更要‘教好书、读好书、写好书’，做新时代的‘三好先生’‘三书先生’。‘追梦教育初心不改，梦圆教育痴心不悔’，为‘成为最好的自己’持续努力，迎接新时代的新挑战。”

不忘初心，牢记使命。连云港“如山伟岸、如海深邃”的山海文化赋予了港城教育人勇攀高峰、百折不回的精神气质。在新时代的新征程中，陈红老师必将率领她的团队继续勇往直前，一路领跑，创造出更辉煌的业绩。

袁 浩

（作者系江苏省荣誉教授，江苏省人民教育家培养工程指导专家，全国小语会顾问，江苏省小语会名誉理事长）

成为最好的自己

1991年7月，我优分优配至一所名校——江苏省连云港师范附属小学，从此，我踏上三尺讲坛并勤奋耕耘，一路奔跑，一路歌，努力成为最好的自己。

刚参加工作，教学经验不足，我对小学语文教学、班级管理等一片迷茫。学校领导十分关心我们青年教师的成长，安排经验丰富的李宝霞老师担任我的指导老师。李老师已经在小学语文教坛耕耘了二十多个春秋，底蕴深厚，经验丰富。于是，我便天天先听她的课，再精心修改教案，然后再进课堂上课。上完课之后再仔细琢磨，寻找差异，反复研究。我持之以恒苦练教学基本功，不断邀请李老师进我的课堂现场指导。正是李老师的严格要求使我对教学工作从来不敢有丝毫的懈怠。晚睡早起，日日如此。日子久了，我便慢慢摸着了小学语文教学的门道，教学技能渐渐成熟起来。短短三年，我多次开设市级公开课，参加市级青年教师基本功大赛获得一等奖，参加市级语文、思想品德优秀课比赛获得一等奖……达到了自信的第一境界——我能！“我能”，是我们每个人迅速成长的关键。

记得1993年那年，我和文萍老师、庄晓玲老师到等人扬州参加江苏省小学语文青年教师基本功大赛。在那里我第一次真真切切地见到了斯霞和李吉林老师，当时我的内心无比激动。李吉林老师带着我们与斯霞老师同台朗诵《桂林山水》。朗诵结束后，斯霞老师铿锵有力地说：“我今年已经81岁了，但是我觉得自己只有18岁！”斯霞老师是我国基础教育界功勋卓著、影响极大的教师，她的乐观感染了台上台下的每一位教师，掌声经久不息……从此，“向斯霞老师学习”几个大字深深地刻在了我的心上，我暗下决心要像斯霞老师一样，将一生奉献给教育事业。2008年，我被评为江苏省特级教师。我继续兢兢业业、脚踏实地耕耘教坛，由此达到了自信的第二境界——我能行！“我能行”，是我们工作路上不知疲倦的动力之源。

2009年我有幸成为江苏人民教育家首批培养对象，朱小蔓、李吉林、刘坚、袁浩等全国知名教育专家成为我的导师，五年的研修使我走上了成长的快车道。连云港市教育局根据我的个性特征、教学风格、教学主张、需求契合度等，为我的自由发展提供了足够的时间与空间，并从专业理论、综合素养、实践技术等方面为我量身定做最适切的培训方案。短短五年，我的专业素养和教育能力不断提升。作为港城陈红小学语文名师工作室的主持人，我带领大家一同研究课堂教学，一同开展课题研究，一同发展。在专家的指导下，我提出了“共生教育”的教育主张，倾力追求共生的语文教学境界。二十几人的团队在共生中茁壮成长起来，研究的足迹遍及200所学校，辐射影响上万人……2012年4月，在百年老校连云港师专二附小举办了“陈红共生语文教学思想研讨会”，推广研究成果。

语文教学的核心目标和价值追求就是“共生”，师生在互动中生成，在生成中发展。“共生与差异是一对互相依存的矛盾体。没有差异，何来共生？”2014年在首批人民教育家培养工程即将结束之际，导师朱小蔓一语点醒了我。于是我开始了语文差异教学的研究之路，用多元智能理论科学指导课程开发，推动教学变革，努力让每一个学生成为最好的自己。短短几年，取得一系列的研究成果。

在我的眼中，每一个学生都是独一无二的“那一个”，其实我们要做的就是为学生提供适合的教育——扬长、包容、悦纳，并不断激发他们的潜能。体现研究成果的《共生与差异：为学生个性彰显而教》获得江苏省教育科学研究成果（教育研究类）二等奖。这些并不重要，重要的是我所带的每一个班、每一个学生都能实现差异化的发展，人人身心健康。尊重差异容易，成就差异颇难。在成长的过程中，我发现身边的很多同仁都是我追求、学习的目标，学习的方向，如孙双金校长倡导的情智语文，薛法根校长研究的组块教学，刘红校长提出的乐学语文……我看到了与他们的差距。由此我进入了自信的第三个境界——你比我能！“你比我能”既是对优秀同行的认可，更是对自己的鞭策。

正是因为从他们的身上认识到自身的不足，才促使我更加如饥似渴地学习，学习，再学习，以更加饱满的热情投身课程与教学改革。“人无志而不立”，一个人倘若没有远大的理想，是不可能有所作为的。“我能—我能行—你比我能”，成为我三十年如一日痴心不改从事教育的不竭动力。

我将努力走向自信的第四个境界——我比你强。“我比你强”，不是自高自大的一种表现，而是面对成绩自加压力，不断被超越并不断努力的后来者居上！“努力做最好的自己”，这才是自信的最高境界。

未来，我将“不教一日闲过”，继续以陶行知、蔡元培、斯霞、李吉林等著名教育家以及身边的榜样为楷模，认真规划自己的成长之路，增强责任感、使命感，始终保持积极进取的精神和坚韧不拔的意志，对教育始终保持执着的爱和忠诚，全面提升素养，发挥辐射作用，带动更多的人共同成长。

追梦教育初心不改，梦圆教育痴心不悔，我将为“成为最好的自己”而继续努力！

陈 红

2019年9月于盐河书苑

尊重差异追梦共生

我和我的课题组成员多年关注并研究“互助共享”的语文教学，并取得了一定的成果。2009年“共生”一词犹如闪耀的礼花飘然降临，不期而至，映红了我璀璨的科研星空。于是，课题“小学语文共生教学理论与实践研究”应运而生。渐渐地，我认识到语文教学的核心目标和价值追求就是“共生”，即共同生存、共同生活、共同发展。共生教学就是追求师生之间、生生之间互相激活与共生共长。这个观点和主张日趋明朗，进而构建出“共生语文”教学的基本框架。《语文课堂，教学走向共生》《语文，为共生而来》等一系列专题论文相继发表于《人民教育》《小学语文教师》《现代中小学教育》等期刊。这也使我的“共生”教学呈现出鲜明的个人教学特色，并在省市的学术讲座和示范教学中得到专家和同行的广泛认同。2013年8月《语文，为共生而来》由河北教育出版社公开出版。

一次人民教育家培养工程研讨会上，导师朱小蔓告诉我：共生与差异是一对互相依存的矛盾。没有差异，何来共生？于是，我又开始博览群书，在一线实践、研究差异教学，在与学生的互动与交往中，和学生一起去发现学生的志趣、爱好、需要和潜能，去发现学生发展的生长点。2016年，申报江苏人民教育家专项课题“共生视野下的差异教学研究”，并开始深入课堂进行研究。一节节课题研究课，一次次沙龙研讨，使我们的研究渐进清晰、明朗起来。2016年《共生与差异：为学生个性彰显而教》由江苏凤凰教育出版社出版。我们的研究步伐一直没有停止……

伴随我的成长有许多感动与感激。省人民教育家培养对象导师杨九俊、李吉林、袁浩、朱晓进、刘坚、汪霞等人给予我多次指导，连云港市教育局许多领导多年来在我的教学研究、专业成长上给我关怀，给我指点，给我勇气。导师朱小蔓在繁忙工作中抽出余暇为小书作序，扶持我一路成长；李吉林老师曾亲自听课，不断鼓励；人民教育家培养工程的同学孙双金、薛法根、刘红、施建平、王笑梅、李勤等人给予我一路的支持。感谢连云港市差异教学研究团队所有成员共同研究与默默付出，尤其是周新霞、马玉春、于明月、程思佳、陈福建、王伟、卢秀娟、周乐等老师，积极参与研究，深深印在我的心底，并油然而生由衷的敬意和真诚的感激！

最后，我还想说的是，勇气和勤奋并不是学术研究工作质量的充分保障。限于本人和刘芹老师的学术修养和专业理论的浅疏，本书一定纰漏不少，甚至错误暗藏，敬请大家审考和评议。从这个意义上说，这本书的完结也是我遗憾的开始。同时，也希望它能成为我们语文教学之路上的一个驿站和助推器，为日后向更高层次的教学高峰攀登注入信心和能量。

陈 红

2019年9月于盐河书苑